Leistungsbild und Honorierung

Nr. 40

Planung der Barrierefreiheit – Erstellung von Barrierefrei-Konzepten

Stand: Februar 2021

erarbeitet vom
AHO-Arbeitskreis „Barrierefreies Bauen"

AHO

Ausschuss der Verbände und Kammern
der Ingenieure und Architekten
für die Honorarordnung e.V.

Reguvis

Kooperationspartner des
Bundesanzeiger Verlages

Bibliografische Information Der Deutschen Bibliothek
Die Deutsche Bibliothek verzeichnet diese Publikation in der Deutschen Nationalbibliografie; detaillierte bibliografische Daten sind im Internet über: http://dnb.ddb.de abrufbar.

Herausgeber: AHO e.V.
Tauentzienstraße 18
10789 Berlin
Telefon: (030) 31 01 917-0
Telefax: (030) 31 01 917-11
E-Mail: aho@aho.de

Redaktionelle Bearbeitung: AHO-Arbeitskreis „Barrierefreies Bauen"

Dieses Heft erscheint im Rahmen der AHO-Schriftenreihe als unverbindliche Honorierungsempfehlung und Praxishilfe. Die Honorierungsvorschläge entfalten keinerlei rechtliche Bindungswirkung. Bei der Zusammenstellung des Inhalts wurde mit größter Sorgfalt vorgegangen. Haftungsansprüche gegen den Herausgeber, die Autoren oder den Verlag sind jedoch ausgeschlossen.

ISBN 978-3-8462-1257-8
1. Auflage Februar 2021

Printed in Germany

Mitglieder des AHO-Arbeitskreises „Barrierefreies Bauen“

Dipl.-Ing. (FH) Stephanie Dietel	Kempen Krause Ingenieure, Aachen
RA Ronny Herholz	Geschäftsführer des AHO, Berlin
Dipl.-Ing. Reinhard Jahn	Sachverständigenbüro Jahn, Brombachtal
Dipl.-Ing. (FH) Udo Kirchner, Leiter des AHO-Arbeitskreises	Halfkann + Kirchner, Erkelenz
Dipl.-Ing. (FH) Armin Kraus	Architekturbüro Kraus, Gemünden
M. Sc. Dipl.-Ing. Bärbel Kupfer	Goethe-Universität, Frankfurt am Main
Dipl.-Ing. (FH) Nadine Metlitzky	Factus 2 Institut, Nordhausen/Köln
Dipl.-Ing. (FH) Vera Schmitz	efficientia, Oberhausen
Dipl.-Ing. (FH) Rainer Steinmeier	Landschaftsarchitektur Steinmeier, Recklinghausen

Allgemeines Vorwort zur AHO-Schriftenreihe

Eine für Auftraggeber und Auftragnehmer transparente und nachvollziehbare Honorarermittlung gibt Orientierung im Vergabeprozess, unterstützt die vertragliche Vereinbarung im Einzelfall und hilft damit nicht zuletzt, zeitaufwendige und kostenträchtige Streitfälle zu vermeiden. Honorare sollten daher systematisiert, nachvollziehbar und möglichst einheitlich ermittelt werden.

Nach dem Wegfall der verbindlichen Mindest- und Höchstsätze infolge eines Urteils des Europäischen Gerichtshofes regelt die Honorarordnung für Architekten und Ingenieure (HOAI 2021) auch künftig die Maßstäbe und Grundlagen für die Berechnung von Honoraren für die von der HOAI erfassten Leistungen und bietet weiterhin einen verlässlichen Orientierungsrahmen zur Kalkulation angemessener Honorare im Einzelfall.

Die Bedeutung der vertraglichen Vereinbarung über die zu erbringenden Planungsleistungen und deren Honorierung wird mit der ab 1.1.2021 geltenden HOAI 2021 weiter zunehmen, denn die bisherigen Regelungen zu den verbindlichen Mindest- und Höchstsätzen werden durch den Grundsatz ersetzt, dass sich das Honorar nach der Vereinbarung der Parteien richtet.

Diese Honorarvereinbarung muss nicht – wie bisher – schriftlich zum Zeitpunkt der Auftragserteilung geschlossen werden, um wirksam zu sein. Künftig ist es ausreichend, wenn diese Vereinbarung in Textform (z.B. per E-Mail) erfolgt. Sofern die Parteien keine Vereinbarung in Textform geschlossen haben, gilt der „Basishonorarsatz" als vereinbart, der anstelle des bisherigen Mindestsatzes eingeführt wurde und diesem entspricht. Diese Regelung übernimmt damit die Wertung des § 7 Abs. 5 HOAI 2013, ist aber im Gegensatz zu dieser als widerlegliche Vermutung ausgestaltet. Entsprechend einer Forderung des Berufsstandes der Architekten- und Ingenieure wurden die Fachplanungsleistungen der Anlage 1 Bauphysik, Geotechnik, Ingenieurvermessung sowie Umweltverträglichkeitsstudie den Grundleistungen der HOAI gleichgestellt. Das bedeutet, dass für diese Leistungen alle Allgemeinen Vorschriften (Teil 1 HOAI) uneingeschränkt anwendbar sind, beispielsweise die Vorschriften zur Honorarermittlung, aber auch die Regelung in § 7 Abs. 1 HOAI über die Anwendung des Basishonorarsatzes, sofern keine Vereinbarung über die Höhe der Vergütung getroffen wurde.

Aber auch für Besondere Leistungen sowie Planungsleistungen, die nicht in der HOAI geregelt sind, besteht ein großes praktisches Bedürfnis an Empfehlungen zur systematischen Honorarermittlung. Der AHO hat es sich mit seinen mehr als 24 Fachkommissionen und Arbeitskreisen zur Aufgabe gemacht, diese Lücke zu füllen. Seit 1987 werden die Beratungsergebnisse der mit Ingenieuren, Architekten und Stadtplanern interdisziplinär besetzten Arbeitsgremien in der „Grünen Schriftenreihe" veröffentlicht und erfreuen sich zunehmender Nachfrage, nicht zuletzt, weil die Spezialisierung der Planung angesichts zunehmender Komplexität stetig steigt.

Im Gegensatz zu den Grundleistungen gemäß § 3 Abs. 1 HOAI, die in den einzelnen Leistungsbildern abschließend erfasst und deren Bewertungen in die Honorartafeln der HOAI eingeflossen sind, werden Besondere Leistungen in der HOAI zwar beispielhaft aufgeführt, jedoch weder näher definiert noch bewertet. § 3 Abs. 2 HOAI enthält lediglich den Hinweis, dass die Aufzählung der Besonderen Leistungen in der HOAI nicht abschließend ist. Dementsprechend beinhaltet die AHO-Schriftenreihe z.B. Leistungsbilder und

Honorierungsempfehlungen für Leistungen des Brandschutzes, der Baulogistik oder der Verkehrsplanung.

Die Honorare für Besondere Leistungen können frei und formlos vereinbart werden. Besondere Leistungen können auch in anderen als den angeführten Leistungsbildern oder Leistungsphasen vereinbart werden, soweit sie dort keine Grundleistungen darstellen. In der AHO-Schriftenreihe werden Besondere Leistungen als Anwendungshilfe für Auftragnehmer und Auftraggeber in dem jeweiligen Einzelfall praxisnah beschrieben und regelmäßig aktualisiert. Diesen Leistungen werden, soweit dies möglich ist, Honorierungsvorschläge gegenübergestellt. Diese sind durchgängig als unverbindliche Honorierungsempfehlungen zu verstehen und entfalten keinerlei rechtliche Bindungswirkung. Die vertraglich geschuldeten Planungsleistungen und deren Honorierung bestimmen sich allein nach den Vereinbarungen der Parteien im jeweiligen Architekten- oder Ingenieurvertrag.

Vorwort

Teilhabe als selbstbestimmte Integration für Menschen mit Behinderungen ist ein wesentliches Ziel der heutigen Politik und Gesellschaft, aus welchem ein erheblicher Einfluss auf die Planung und Ausführung unserer Gebäude resultiert. Eine zielorientierte, effiziente und wirtschaftliche Umsetzung geht dabei erheblich über die Einhaltung einiger normativ vorgegebener Mindestmaße und das Ausfüllen eines Formulars zum Bauantrag hinaus.

Zu Recht listet daher bereits die AHO-Veröffentlichung Nr. 34 „Besondere Leistungen bei der Objektplanung Gebäude und Innenräume" als Ziffer 2.16 die Nachweise und Darstellungen zur Barrierefreiheit in diesem Zusammenhang auf.

Darüber hinaus bestehen im föderalen System der Bundesrepublik für die einzelnen Länder durchaus unterschiedliche Ansätze zur Behandlung der Barrierefreiheit im bauaufsichtlichen und sonstigen Verfahren. Teilweise werden besondere Bauvorlagen vorgegeben, die ggf. eigene Plandarstellungen erforderlich machen. Dies gilt insbesondere bei komplexen Sonderbauten, Umbauten oder Nutzungsänderungen im Bestand, die teilweise eine besondere Qualifikation erfordern und stets nur interdisziplinär gelöst werden können. Weiterhin resultieren häufig besondere Planungsanforderungen im Zusammenhang mit Fördermaßnahmen oder Zertifizierungssystemen. Nicht selten ist die unmittelbare Umsetzung technischer Regelwerke im konkreten Bauprojekt nicht möglich oder nicht zielführend.

Für diese und ggf. weitere Fallgestaltungen werden Planungsleistungen erforderlich, die über die in der HOAI erfassten Leistungen hinausgehen und sich in einem speziellen Barrierefrei-Konzept niederschlagen. Hierfür beschreibt vorliegendes Heft eine strukturierte, eigenständige Leistung, welche bei Bedarf die Objekt- und Fachplanung ergänzt und beratend unterstützt. Bewusst wird daher diese Leistung bereits mit den neu für die AHO-Schriftenreihe festgelegten Begrifflichkeiten beschrieben, wobei die angegebenen „Regelleistungen" im Allgemeinen zur ordnungsgemäßen Erfüllung des Auftrages erforderlich sind, während die gelisteten „Optionalen Leistungen" im konkreten Einzelfall darüber hinaus notwendig oder sinnvoll (und damit ergänzend beauftragt) werden können.

Dabei stellen bereits in Phase 1 grundsätzliche konzeptionelle Ansätze und Optimierungsmöglichkeiten einen wesentlichen Input für die übrigen Planungs- und Projektbeteiligten und eine erhebliche Weichenstellung dar.

Die Veröffentlichung dieses Heftes erfolgt nach dem EuGH-Urteil betreffend die Mindest- und Höchstsätze der HOAI und damit zu einem Zeitpunkt, wo der Klärung von Schnittstellen für zusätzliche Leistungen und Honoraren nochmals besondere Bedeutung zukommt.

Mein Dank gilt den Mitarbeitern[1] des Arbeitskreises für die vertrauensvolle Zusammenarbeit, der AHO-Geschäftsstelle für die professionelle Begleitung und insbesondere den Kollegen in der Fachkommissionsleiter-Konferenz für die hilfreichen und konstruktiven Hinweise.

1 Aus Gründen der leichteren Lesbarkeit wird in dem vorliegenden AHO-Heft die gewohnte männliche Sprachform bei personenbezogenen Substantiven und Pronomen verwendet. Dies impliziert jedoch keine Benachteiligung des weiblichen Geschlechts, sondern soll der sprachlichen Vereinfachung halber als geschlechtsneutral zu verstehen sein.

Möge dieses Heft auch im Hinblick auf eine kohärente Gesamtplanung einen Beitrag leisten, vor allem aber in unseren Gebäuden die Teilhabe und Integration von Menschen mit Behinderungen weiter erleichtern.

Berlin, im Februar 2021

Udo Kirchner – Leiter des AHO-Arbeitskreises „Barrierefreies Bauen" –

Inhaltsverzeichnis

1 Leistungsbild und Honorierung

Auf Beschluss der Mitgliederversammlung 2017 des AHO wurde ein Arbeitskreis „Barrierefreies Bauen" gegründet und damit beauftragt, für die Planung der Barrierefreiheit einen Vorschlag zu Leistungen und Honorierung auszuarbeiten, die ergänzend zu den Grundleistungen im verbindlichen oder unverbindlichen Teil der HOAI auftreten können.

1.1 Anwendungsbereich

Für Objekte mit Anforderungen an die **Barrierefreiheit** werden zunehmend in der planerischen und konstruktiven Ausführung sowie der technischen Ausrüstung Planungsleistungen erforderlich, die über die in der HOAI erfassten Grundleistungen hinausgehen. Darüber hinaus können weitere Planungs- und Beratungsleistungen entstehen, die für den Bauherrn einen Mehrwert generieren, z.B. durch nachhaltigere Nutzung, besonders wirtschaftliche Sonderlösungen, Begleitung spezieller Abstimmungs- und Genehmigungsprozesse, Auswertung umfangreicherer Produktkenntnisse etc.

Diese Veröffentlichung behandelt solche zusätzlichen Leistungen bei der Planung der Barrierefreiheit von Objekten im Sinne des § 2 Abs. 1 HOAI und beschäftigt sich insbesondere mit Gebäuden, Innenräumen sowie Freianlagen, sofern diese in Abhängigkeit der jeweiligen Planungsaufgabe und den ggf. unterschiedlichen Bauvorschriften in den Ländern vorgegeben werden, die Beantragung von Fördermitteln unterstützen oder aus sonstigen Gründen und Bedarf vom Bauherrn angefordert werden. Objekte des öffentlichen Nahverkehrs sind im Anwendungsbereich dieses Heftes nicht berücksichtigt.

Die in diesem Heft beschriebenen Leistungen, welche im sog. Barrierefrei-Konzept dokumentiert werden, greifen stets für Sonderbauten und beim Bauen im Bestand, insbesondere bei öffentlich zugänglichen Gebäuden, können aber auch bei besonderen Wohngebäuden und Wohnanlagen anfallen. Deshalb ist bereits in Phase 1 stets die Möglichkeit vorgesehen, den Anwendungsbereich im Einzelfall zu klären.

Diese Veröffentlichung lässt den Anteil der bereits in der HOAI enthaltenen Leistungen zur Planung der Barrierefreiheit einschließlich der dort vorgesehenen Honorierung durch Anpassung der Honorarzone oder des Honorarsatzes unberührt, sondern versteht sich als ergänzende, selbstständige Beratungsleistung.

Die hier beschriebene Beratungsleistung umfasst die Bearbeitung und Begleitung aller (Leistungs-)Phasen und beinhaltet eine ganzheitliche Betrachtung der Anforderungen an die Barrierefreiheit; diese gehen teilweise über die in den einzelnen Landesbauordnungen unterschiedlich vorgegebenen Anforderungen hinaus. Das qualifizierte Barrierefrei-Konzept dient als schriftliche Dokumentation der planungsbegleitenden Beratungsleistung zur Barrierefreiheit in sämtlichen (Leistungs-)Phasen. Das Barrierefrei-Konzept im Bearbeitungstadium der Phase 4 kann darüber hinaus als Bestandteil der Bauvorlage genutzt werden, zumal die Erstellung eines detaillierten Erläuterungsberichtes inkl. der zugehörigen Barrierefrei-Pläne zunehmend auch bauaufsichtlich gefordert wird.

1.2 Grundlagen des Honorars

Für die Honorarermittlung der in den nachfolgenden Tabellen als „**Regelleistungen**" ausgewiesenen Vergütungstatbestände werden die jeweilige Bruttogrundfläche der für die Barrierefreiheit relevanten Bereiche für Gebäude bzw. Innenräume sowie die zu betrachtenden Flächen bei Freianlagen, die zugehörige Nutzung sowie Kriterien der Schwierigkeit berücksichtigt. Die Ermittlung ist jeweils bezogen auf die einzelnen Nutzungseinheiten vorzunehmen.

Dieser Wert ist ggf. zur Berücksichtigung besonderer Randbedingungen mit einem oder auch mehreren Schwierigkeitsbeiwerten zu multiplizieren.

Die Nutzungsfaktoren n für Gebäude und Innenräume sind Tabelle 1 zu entnehmen, die für Freianlagen Tabelle 2. Die Schwierigkeitsbeiwerte s sind in Tabelle 3 enthalten.

Die Honorare der **„Optionalen Leistungen"** sind ggf. zusätzlich im Einzelfall zu vereinbaren.

Tabelle 1: Nutzungsfaktoren n für Gebäude und Innenräume

Nutzung	**Faktor**
Produktions- und Werkstätten	0,6
Büro- und Verwaltung, Detailplanung innerhalb der Nutzungseinheit	1,0
Büro und Verwaltung; nur generelle Erschließung der Nutzungseinheit	0,2
Garagen und Parkhäuser	0,2
Abfertigungsgebäude (Flughafen, Bahnhof, Terminal)	0,8
(Studenten-)Wohnheime, besondere Wohnformen (z.B. Betreutes Wohnen)	1,0
Wohnen mit Betreuungsleistung (z.B. Behindertenwohnheime, Pflegeeinrichtungen)	1,5
Beherbergung	1,3
Bettentrakte in Krankenhäusern	1,3
Untersuchungs- und Behandlungsbereiche (in Krankenhäusern, Arztpraxen und therapeutischen Einrichtungen)	1,4
Kindertageseinrichtungen, Kindergärten	0,8
Schulen (Grund-, Real, Ganztagsschulen, Gymnasium, Berufsschulen)	1,2
Hochschulen (mit/ohne Campus)	1,4
Messe- und Ausstellung	0,9
Museen, Bibliotheken	1,1
Verkauf	1,0
Gastronomie	1,2
Sport- und Freizeitanlagen, Turnhallen	0,9
Veranstaltung (Konferenzen, Theater, Konzert, Kino, Sakralbauten)	1,4
für die Barrierefreiheit nicht relevante Flächen	0,0

Tabelle 2: Nutzungsfaktoren n für Freianlagen

Nutzung	Faktor
Notwendige Erschließungsflächen	0,8
Allgemeine Aufenthaltsflächen	0,6
Relevante Park- und Stellplatzanlagen	0,4
Besonders zu gestaltende Grün- und Parkanlagen (z.B. Sinnesgarten)	0,9
Spielplätze und Bewegungsflächen mit erhöhter Ausstattung	1,0
für die Barrierefreiheit nicht relevante Flächen	0,0

Tabelle 3: Schwierigkeitsbeiwerte s

Kriterium	Abkürzung	Beiwert
Zusätzliche Betrachtung der Arbeitsstätte	sA	1,2
Zusätzliche Betrachtung der Arbeitsstätte mit Inklusionsvereinbarung	sAi	1,3
Objekte mit Förderschwerpunkt	sF	1,2
Objekte mit Sicherheitsanforderungen (u.a. Gerichte, Haftanstalten, staatliche Einrichtungen, geschützte Stationen in Krankenhäusern, Tresorräume in Banken)	sSa	1,3
Bestandsgebäude	sB	1,3
Bestandsgebäude mit Denkmalschutz	sBd	1,4
Mehrstufige Verfahren, längere Planungszeiträume (z.B. nach RBBau)	sMv	1,1
Einsatz von Datenplattformen	sDa	1,1
Besondere Dokumentationsstandards	sDo	1,1
Topografisch schwierige Verhältnisse	sTo	1,2
Überdurchschnittl. Anforderungen an Leit- und Orientierungssysteme	sP	1,2

1.3 Prozentsätze der einzelnen Phasen

Die Regelleistungen des nachfolgenden Leistungsbildes werden für die aufgeführten Phasen 1 bis 9 entsprechend nachfolgender Tabelle im Vom-Hundert-Satz der Honorare bewertet.

Phasen	Bewertung der Regelleistungen in v.H. der Honorare
1. Vorleistung, Grundlagenbearbeitung	8 %
2. Vorplanung und Konzeption	12 %
3. Entwurfsplanung	16 %
4. Genehmigungsplanung	24 %
5. Ausführungsplanung	23 %
6. Vorbereiten der Vergabe	1 %
7. Mitwirken bei der Vergabe	1 %
8. Baubegleitung und Dokumentation	15 %
9. Mitwirken bei der Objektbetreuung	0 %

1.4 Leistungsbild Planung der Barrierefreiheit

Die Aufzählung der Optionalen Leistungen ist nicht abschließend. Sie können auch für Phasen, denen sie nicht zugeordnet sind, oder für andere Leistungsbilder vereinbart werden.

Regelleistungen	Optionale Leistungen
1. Vorleistungen, Grundlagenbearbeitung • Klären der Aufgabenstellung und des Planungsumfangs • Klären, ob für die beabsichtigte Art und Nutzung der baulichen Anlage baurechtliche Anforderungen an die Barrierefreiheit bestehen bzw. arbeitsstättenrechtliche Vorgaben Anwendung finden, die über den Regelfall hinausgehen • Hinweise auf grundsätzliche konzeptionelle Ansätze und Optimierungsmöglichkeiten • Erörtern, inwieweit Varianten der Art und Nutzung des Gebäudes Einfluss auf Anforderungen an die Barrierefreiheit haben • Zusammenstellen der Ergebnisse	• Bestandsaufnahme vor Ort • Auswertung von übergebenen Bauakten oder Recherche in Bauarchiven • Klären, ob nach anderen Vorgaben (z.B. Zertifizierung, Fördermittel) Anforderungen an die Barrierefreiheit bestehen • Mitwirken bei der Bedarfsplanung in Bezug auf das Barrierefreie Bauen
2. Vorplanung und Konzeption • Identifizieren der für die bauliche Anlage maßgeblichen Nutzergruppen sowie der daraus resultierenden Schutzziele nach besonderen Anforderungen des Auftraggebers oder der Nutzer • Auswerten der nach allgemeinen Regelwerken in der Objektplanung ermittelten erforderlichen qualitativen Bedarfe an die Barrierefreiheit und der nach besonderen Regelwerken erforderlichen Bedarfe an Barrierefreiheit • Feststellen, inwiefern im konkreten Fall individuelle darüber hinausgehende qualitative Bedarfe bestehen • Visualisieren der Bereiche, an die Anforderungen an die Barrierefreiheit bestehen • Zusammenstellen der Ergebnisse	• Beraten zur Umsetzung der qualitativen Bedarfe aus den vereinbarten Zertifizierungssystemen oder aus den Fördermittel-Richtlinien • Durchführen einer Bestandsanalyse einschließlich Erstellen eines Defizit- und Maßnahmenkataloges/Feststellen des Handlungsbedarfs und Erstellen eines Maßnahmenkataloges

Regelleistungen	Optionale Leistungen
3. Entwurfsplanung • Konkretisieren der durch die Objektplanung ermittelten quantitativen Bedarfe und der objektspezifischen Anforderungen an das Barrierefreie Bauen • Beraten der Objekt- und Fachplaner bei Anfragen zum barrierefreien Bauen bis zur genehmigungsreifen Lösung • Mitwirken bei den fachübergreifenden Schnittstellen der Objekt- und Fachplanung • Erarbeiten des ganzheitlichen Barrierefrei-Konzeptes einschließlich Ermitteln von erforderlichen Abweichungen und geeigneten Kompensationsmaßnahmen in Abstimmung mit der Objekt- und Fachplanung • Mitwirken bei der Abstimmung der Objekt- und Fachplanung mit öffentlich-rechtlichen Vertretern (z.B. Behörden, Behindertenbeauftragten) • Mitwirken bei der konzeptionellen Umsetzung der Planung der Barrierefreiheit in die Objektplanung • Zusammenstellen der Ergebnisse	• Mitwirken bei der Kostenermittlung • Mitwirken bei der Überprüfung und Beantragung des unverhältnismäßigen Mehraufwandes (vgl. § 50 Abs. 3 MBO) • Mitwirken beim Feststellen des Evakuierungsbedarfes und beim Erarbeiten des Evakuierungskonzeptes • Teilnahme an Partizipationsveranstaltungen • Beraten bei der Festlegung von entwurfsrelevanten Maßnahmen, die aus den vereinbarten Zertifizierungssystemen oder Fördermittel-Richtlinien resultieren • Abstimmen der Entwurfsplanung der Barrierefreiheit einschließlich Abweichungen und Kompensationsmaßnahmen mit privatrechtlichen Vertretern (z.B. Schwerbehindertenvertretung)

4. Genehmigungsplanung
• Erarbeiten des Erläuterungsberichts mit Darstellung
   ○ der Grundlagen, die der Planung zugrunde liegen
   ○ der baulichen, technischen und betrieblichen/organisatorischen Maßnahmen
• Nachweis der Umsetzung der allgemeinen und individuellen objektspezifischen Schutzziele einschließlich Begründen von Abweichungen und Beschreiben von Kompensationsmaßnahmen
• Erstellen von Barrierefrei-Plänen als Visualisierung der Maßnahmen zur Barrierefreiheit
• Zusammenstellen der Unterlagen
	• Überprüfen von Bauvorlagen auf zutreffende und vollständige Umsetzung des Barrierefrei-Konzeptes und auf Übereinstimmung mit dem Erläuterungsbericht.
	• Fortschreiben des prinzipiell genehmigungsfähigen Erläuterungsberichtes um die Ergebnisse der Vorprüfung durch Behörden
	• Mitwirken bei der Erstellung von Dokumenten für die Fördermittelbeantragung

Regelleistungen	Optionale Leistungen
5. Ausführungsplanung • Prüfen der Baugenehmigung auf einen ggf. gebotenen Widerspruch bezogen auf das Barrierefrei-Konzept • Beraten der Objekt- und Fachplaner bei Anfragen zum barrierefreien Bauen bis zur ausführungsreifen Lösung auf Basis des genehmigten Barrierefrei-Konzeptes • Mitwirken bei der Auswahl geeigneter Produkte • Überprüfen der Ausführungs-/Detail- und Konstruktionszeichnungen auf Einhaltung der Anforderungen an das Barrierefreie Bauen	• Erarbeiten technisch-konstruktiver Lösungsansätze für besondere Anwendungsfälle • Mitwirken bei Wirtschaftlichkeitsbetrachtungen von Detaillösungen
6. Mitwirken bei der Vorbereitung der Vergabe Mitwirken bei den durch die Objekt- und Fachplaner erstellten für das Barrierefreie Bauen relevanten Teile des Leistungsverzeichnisses	
7. Mitwirken bei der Vergabe Mitwirken bei der Bewertung der für das Barrierefreie Bauen relevanten Teile der Angebote und Nachträge	Beraten bei der Bewertung von Sondervorschlägen
8. Baubegleitung und Dokumentation • Prüfen auf prinzipielle Übereinstimmung mit dem Barrierefrei-Konzept an bis zu drei Begehungseinheiten einschl. behördlicher Abnahme • Zusammenstellen der Ergebnisse	• Mitwirken bei der Objektüberwachung an für die Barrierefreiheit relevanten Schnittstellen • Teilnahme an Begehungen mit öffentlich-rechtlichen oder privat-rechtlichen Vertretern (z.B. Behindertenbeauftragte bzw. Schwerbehindertenvertretung) einschließlich Dokumentation • Mitwirken bei Erstellung der Nachweise für die vereinbarten Zertifizierungssysteme
9. Mitwirken bei der Objektbetreuung	Aufbereiten und Übergeben des fortgeschriebenen Barrierefrei-Konzeptes an den Nutzer

1.5 Ermittlung der Honorare für Regelleistungen

Die Honorare für Gebäude und Innenräume ermitteln sich aus den Flächenäquivalenten für die einzelnen Nutzungen durch Multiplikation der Bruttogrundfläche, bei Freianlagen aus den jeweils relevanten Flächen mit den jeweiligen Nutzungsbeiwerten und (ggf. mehreren) Schwierigkeitsbeiwerten.

Bei unterschiedlichen Nutzungen oder Schwierigkeiten sind die Werte für die einzelnen Teilflächen zu ermitteln und entsprechend aufzuaddieren. Dabei werden alle (Teil-)Flächen berücksichtigt, die im Rahmen einer Planung durchgängig bearbeitet werden.

Das **Flächenäquivalent Aq** für das Objekt ermittelt sich somit nach der Formel

$$A_q = \sum_i (A_i \times n_i \times s_i)$$

wobei: Ai = Bruttogrundfläche der Bereiche mit gleicher Nutzung und Schwierigkeit

ni = Nutzungsfaktoren in der Teilfläche

si = Produkt der Schwierigkeitsbeiwerte für die Teilfläche

si = s1 x s2 x s3 x ...... x sn

Das **Honorar H** ermittelt sich in Auswertung projektbezogener Nachkalkulationen, bezogen auf alle Phasen 1 bis 8 für die Regelleistungen in Euro unmittelbar entsprechend der Formel

H = 2.100 + 110 x $Aq^{0,6}$.

Die Ermittlung ist nochmals in der folgenden Tabelle ausgewertet.

Flächenäquivalent	**Gesamt Phase 1–8**	Phase 1	Phase 1–4	Phase 5–8
Aq (m^2)	**100 %**	8 %	60 %	40 %
500	**6.679 €**	534 €	4.007 €	2.672 €
1.000	**9.041 €**	723 €	5.424 €	3.616 €
2.000	**12.620 €**	1.010 €	7.572 €	5.048 €
3.000	**15.517 €**	1.241 €	9.310 €	6.207 €
4.000	**18.045 €**	1.444 €	10.827 €	7.218 €
5.000	**20.329 €**	1.626 €	12.198 €	8.132 €
6.000	**22.437 €**	1.795 €	13.462 €	8.975 €
7.000	**24.408 €**	1.953 €	14.645 €	9.763 €
8.000	**26.268 €**	2.101 €	15.761 €	10.507 €
9.000	**28.038 €**	2.243 €	16.823 €	11.215 €
10.000	**29.731 €**	2.378 €	17.838 €	11.892 €
12.500	**33.689 €**	2.695 €	20.214 €	13.476 €
15.000	**37.341 €**	2.987 €	22.405 €	14.936 €
17.500	**40.756 €**	3.260 €	24.454 €	16.302 €
20.000	**43.980 €**	3.518 €	26.388 €	17.592 €
22.500	**47.047 €**	3.764 €	28.228 €	18.819 €
25.000	**49.980 €**	3.998 €	29.988 €	19.992 €

1.6 Nebenkosten (in Anlehnung an § 14 HOAI 2021)

Die bei der Planung entstehenden Auslagen (Nebenkosten) des Auftragnehmers können, soweit sie erforderlich sind, neben den Honoraren für die Leistungen zur Planung der Barrierefreiheit berechnet werden. Die Vertragsparteien können bei Auftragserteilung schriftlich vereinbaren, dass abweichend von Satz 1 eine Erstattung ganz oder teilweise ausgeschlossen ist.

Zu den Nebenkosten gehören insbesondere:

1. Versandkosten, Kosten für Datenübertragungen,
2. Kosten für Vervielfältigungen von Zeichnungen und schriftlichen Unterlagen sowie die Anfertigung von Filmen und Fotos,
3. Kosten für ein Baustellenbüro einschließlich Einrichtung, Beleuchtung und Beheizung,
4. Fahrtkosten für Reisen, die über den Umkreis von mehr als 15 Kilometern um den Geschäftssitz des Auftragnehmers hinausgehen, in Höhe der steuerlich zulässigen Pauschalsätze, sofern nicht höhere Aufwendungen nachgewiesen werden,
5. Trennungsentschädigungen und Kosten für Familienheimfahrten in Höhe der steuerlich zulässigen Pauschalsätze, sofern nicht höhere Aufwendungen an Mitarbeiter des Arbeitnehmers aufgrund von tariflichen Vereinbarungen bezahlt werden,
6. Entschädigungen für den sonstigen Aufwand bei längeren Reisen nach Nr. 4, sofern die Entschädigungen vor der Geschäftsreise schriftlich vereinbart worden sind,
7. Entgelte für nicht dem Auftragnehmer obliegende Leistungen, die von ihm im Einvernehmen mit dem Auftraggeber Dritten übertragen worden sind,
8. Gebühren und Auslagen von Genehmigungsbehörden und sonstigen Dienststellen.

Nebenkosten können pauschal oder nach Einzelnachweis abgerechnet werden. Sie sind nach Einzelnachweis abzurechnen, sofern bei Auftragserteilung keine pauschale Abrechnung schriftlich vereinbart worden ist.

2 Beispielrechnungen

Die Honorarermittlung wird an nachfolgenden Beispielen erläutert, wobei in die Tabellen jeweils die Flächen der einzelnen Nutzungseinheiten einfließen, einschließlich der Verkehrs- und Erschließungsflächen.

2.1 Umbau eines Gymnasiums mit Förderschwerpunkt zzgl. Turnhallen-Neubau

Ein bestehendes Schulgebäude soll als Gymnasium mit Förderschwerpunkt umgebaut werden und den Neubau einer eingeschossigen Turnhalle erhalten.

Im denkmalgeschützten Erdgeschoss befinden sich Aula, Mensa und die Verwaltung; im 1. und 2. Obergeschoss die Klassenräume, für die keine Denkmalschutzanforderungen bestehen. Die Bereiche der Arbeitsstätte erstrecken sich über das gesamte Gebäude, eine Inklusionsvereinbarung besteht jedoch nicht.

Teilfläche, Nutzung	**BGF** in m^2	Nutzungsfaktor **n**	Index Schwierigkeit	Schwierigkeitsbeiwert **si**	Flächenäquivalent **Aq**
Technikgeschoss KG Keine Anrechnung	450	0,0	keine	1,0 x 1,0 x 1,0	0
Aula, Mensa EG Arbeitsstätte mit Denkmalschutz	650	1,2	A, F, Bd	1,2 x 1,2 x 1,4	1.572
Verwaltung EG Arbeitsstätte mit Denkmalschutz	150	1,0	A, F, Bd	1,2 x 1,2 x 1,4	302
Klassenräume 1. OG Arbeitsstätte mit Förderschwerpunkt, ohne Inklusionsvereinbarung	450	1,2	A, F, B	1,2 x 1,2 x 1,3	1.011
Fachräume 2. OG Bestand als Arbeitsstätte ohne Inklusion	1450	1,2	A, F, B	1,2 x 1,2 x 1,3	3.257
Turnhalle EG Neubau als Arbeitsstätte ohne Inklusionsvereinbarung	500,0	0,9	A,F	1,2 x 1,2 x 1,0	648
Außenflächen Notwendige Erschließung	500,0	0,8	keine	1,0 x 1,0 x 1,0	400
Pausenhof Allgemeine Aufenthaltsfläche	2000,0	0,6	keine	1,0 x 1,0 x 1,0	1.200
Gesamt	6.150				**8.391**
Honorar Regelleistungen Lph 1 bis 8	**H** = 2.100 + 110 x Aq^0,6			€	**26.970**

2.2 Neubau eines Büro- und Geschäftshauses

Der Neubau wird mit Verkaufsflächen im Erdgeschoss, Büro- und Verwaltungsflächen im 1. bis 6. Obergeschoss, Technikflächen im 2. Untergeschoss und einer Parkebene im 1. Untergeschoss errichtet. Für die Büro- und Verwaltungsbereiche im 1. bis 4. Obergeschoss sind die Arbeitsstätten zu bearbeiten, jedoch ohne Inklusionsvereinbarung.

Teilfläche, Nutzung	**BGF** in m^2	Nutzungsfaktor **n**	Index Schwierigkeit	Schwierigkeitsbeiwert **si**	Flächenäquivalent **Aq**
Technikräume 2. UG keine Anrechnung	2000	0,0	keine	1,0 x 1,0 x 1,0	0
Parkebene 1. UG vollständige Flächenanrechnung	2000	0,2	keine	1,0 x 1,0 x 1,0	400
Verkauf/Gewerbe/Gastronomie EG ohne Bewertung der Arbeitsstätte	2000	1,2	keine	1,0 x 1,0 x 1,0	2.400
Büro und Verwaltung 1.–4. OG unter Betrachtung der Arbeitsstätte	8000	1,0	A	1,2 x 1,0 x 1,0	9.600
Büro und Verwaltung 5.+6. OG ohne Bewertung der Arbeitsstätte	4000	1,0	keine	1,0 x 1,0 x 1,0	4.000
Gesamt	18000,0				16.400

Honorar Regelleistungen Lph 1 bis 8	**H** = 2.100 + 110 x Aq^0,6	€	**39.279**

2.3 Umbau eines Büro- und Geschäftshauses mit Denkmalschutz und Inklusionsvereinbarung

Ein Bestandsgebäude wird im Erdgeschoss für eine Verkaufsnutzung umgebaut und erhält im 1. bis 4. Obergeschoss Büro- und Verwaltungsflächen. Im 2. Untergeschoss und 5. Obergeschoss sind Technikflächen angeordnet und im 1. Untergeschoss eine Parkebene. Das gesamte Gebäude steht unter Denkmalschutz, für die Verkaufs- und Büronutzung wird die Arbeitsstätte mitbetrachtet, wobei zusätzlich für das 4. Obergeschoss eine Inklusionsvereinbarung besteht.

Teilfläche, Nutzung	**BGF** in m²	Nutzungsfaktor **n**	Index Schwierigkeit	Schwierigkeitsbeiwert **si**	Flächenäquivalent **Aq**
Technikgeschoss 2. UG Keine Flächenanrechnung	1000	0,0	keine	1,0 x 1,0 x 1,0	0
Parken 1. UG voll angerechnet mit Denkmalschutz	1000	0,2	Bd	1,4 x 1,0 x 1,0	280
Verkaufsfläche EG mit Betrachtung Arbeitsstätte und Denkmalschutz	1000	1,2	A, Bd	1,2 x 1,4 x 1,0	2.016
Büro- und Verwaltungsflächen 1.–3.OG Betrachtung als Arbeitsstätte mit Denkmalschutz ohne Inklusionsvereinbarung	3000	1,0	A, Bd	1,2 x 1,4 x 1,0	5.040
Büro- und Verwaltungsfläche 4. OG als Arbeitsstätte mit Inklusionsvereinbarung und Denkmalschutz	1000	1,0	Ai, Bd	1,3 x 1,4 x 1,0	1.820
Technikgeschoss 5. OG keine Flächenanrechnung	1000	0,0	keine	1,0 x 1,0 x 1,0	0
Außenbereich notwendige Erschließungsflächen	500	0,8	keine	1,0 x 1,0 x 1,0	400
Gesamt	8.500				**9.556**
Honorar Regelleistungen Lph 1 bis 8	**H** = 2.100 + 110 x Aq^0,6			€	**28.988**

2.4 Umbau eines Büro- und Geschäftshauses ohne Denkmalschutz, mit Inklusionsvereinbarung

Beschreibung wie oben unter 2.3, jedoch ohne Denkmalschutz.

Teilfläche, Nutzung	**BGF** in m²	Nutzungs-faktor **n**	Index Schwierigkeit	Schwierigkeits-beiwert **si**	Flächen-äquivalent **Aq**
Technikgeschoss 2. UG Keine Flächenanrechnung	1000	0,0	keine	1,0 x 1,0 x 1,0	0
Parken 1. UG voll angerechnet	1000	0,2	B	1,0 x 1,3 x 1,0	260
Verkaufsfläche EG mit Betrachtung Arbeitsstätte	1000	1,2	A, B	1,2 x 1,3 x 1,0	1.872
Büro- und Verwaltungsflächen 1.–3.OG Betrachtung als Arbeitsstätte ohne Inklusionsvereinbarung	3000	1,0	A, B	1,2 x 1,3 x 1,0	4.680
Büro- und Verwaltungs-fläche 4. OG als Arbeitsstätte mit Inklusionsver-einbarung	1000	1,0	Ai, B	1,3 x 1,3 x 1,0	1.690
Technikgeschoss 5. OG keine Flächenanrechnung	1000	0,0	keine	1,0 x 1,0 x 1,0	0
Außenbereich notwendige Erschließungsflächen	500,0	0,8	keine	1,0 x 1,0 x 1,0	400
Gesamt	8.500				**8.902**
Honorar Regelleistungen Lph 1 bis 8	**H** = 2.100 + 110 x Aq^0,6			€	**27.868**

2.5 Neubau eines Bürogebäudes mit Laborbereich und Kindertagesstätte

Der Neubau erhält im Erdgeschoss ein Empfangsfoyer sowie öffentlich zugängliche Büroeinheiten, die zusätzlich als Arbeitsstätte zu betrachten sind. Darüber hinaus wird eine Betriebskindertagesstätte mit Spielfläche im Außenbereich (Innenhof) angeordnet sowie eine Kantine für Besucher und Mitarbeiter.

Im 1. und 2. Obergeschoss befinden sich Laborbereiche, die weder der Nutzung durch Publikumsverkehr dienen, noch als barrierefreie Arbeitsstätte bewertet werden. Im Untergeschoss sind eine Tiefgarage für Besucher und Mitarbeiter sowie Technikflächen angeordnet. Analog ist das Dachgeschoss mit Betriebs- und Technikflächen konzipiert.

Teilfläche, Nutzung	**BGF** in m^2	Nutzungsfaktor **n**	Index Schwierigkeit	Schwierigkeitsbeiwert **si**	Flächenäquivalent **Aq**
Betriebs- und Technikfläche UG ohne Anrechnung	2595	0,0	keine	1,0 x 1,0 x 1,0	0
Tiefgarage im UG voll angerechnet	905	0,2	keine	1,0 x 1,0 x 1,0	181
Empfang und Büro EG einschl. Betrachtung der Arbeitsstätte	2805	1,0	A	1,2 x 1,0 x 1,0	3.366
Kindertagesstätte EG keine Betrachtung der Arbeitsstätte	353	0,8	keine	1,0 x 1,0 x 1,0	282
Kantine EG keine Betrachtung der Arbeitsstätte	297	1,2	keine	1,0 x 1,0 x 1,0	356
Betriebs- und Technikräume EG keine Anrechnung	45	0,0	keine	1,0 x 1,0 x 1,0	0
Laborbereich 1.+2. OG keine Betrachtung zur Barrierefreiheit und Arbeitsstätte	7000	0,0	keine	1,0 x 1,0 x 1,0	0
Betriebs- und Technikflächen DG ohne Anrechnung	1200	0,0	keine	1,0 x 1,0 x 1,0	0
Erschließung Eingangsbereich notwendige Erschließungsfläche	320	0,8	keine	1,0 x 1,0 x 1,0	256
Innenhof Kantine allgemeine Aufenthaltsfläche	390	0,6	keine	1,0 x 1,0 x 1,0	234
Innenhof KiTa als Spielplatz und Bewegungsfläche mit erhöhter Ausstattung	430	1,0	keine	1,0 x 1,0 x 1,0	430
Gesamt	16.340				**5.106**
Honorar Regelleistungen Lph 1 bis 8	**H** = 2.100 + 110 x Aq^0,6			€	**20.560**

2.6 Neubau eines Hochschulgebäudes

Das Fachclustergebäude wird mit gemeinsamer Bereichsbibliothek, dem Zentrum für Weiterbildung, der Lehrerfortbildung sowie diversen Verwaltungs- und Bürobereichen, einem Hörsaal, einer Cafeteria, den Hauswerkstätten und einer öffentlichen Tiefgarage für 250 Stellplätze konzipiert.

Es erstreckt sich auf zwei Untergeschosse und sechs oberirdische Geschosse auf vier kubischen, in Höhe und Breite verschiedenen Baukörpern. Das Gebäude ist in fast allen Bereichen öffentlich zugänglich und wird darüber hinaus auch als Arbeitsstätte bewertet. Die Kühl- und Müllräume im 1. Untergeschoss gehören nutzungsmäßig zum Cafeteria-Bereich des Erdgeschosses, die diversen Nutzern (z.B. Instituten, Dekanaten, Verwaltung) zugeordneten Abstellräume in den Geschossen und die dort angeordneten Putzmittelräume den jeweiligen Nutzungseinheiten des Gebäudes. Die vorgenannten Räume können tätigkeitsbezogen auch von Mitarbeitern mit sensorischen Einschränkungen genutzt werden, von mobilitätseingeschränkten Beschäftigten eher nicht.

Teilfläche, Nutzung	**BGF** in m^2	Nutzungsfaktor **n**	Index Schwierigkeit	Schwierigkeitsbeiwert **si**	Flächenäquivalent **Aq**
Tiefgarage 2. UG Verkehrsflächen nicht angerechnet	4967	0,2	keine	1,0 x 1,0 x 1,0	993
Archiv- und Lagerräume 2. UG voll angerechnet einschl. Betrachtung der Arbeitsstätte	474	1,0	A	1,2 x 1,0 x 1,0	569
Technikräume 2. UG nicht angerechnet	789	0,0	keine	1,0 x 1,0 x 1,0	0
Tiefgarage 1. UG Verkehrsflächen nicht angerechnet	4043	0,2	keine	1,0 x 1,0 x 1,0	809
Kühl- und Müllräume 1. UG einschl. Betrachtung der Arbeitsstätte	107	1,2	A	1,2 x 1,0 x 1,0	154
Archiv-Lagerräume 1. UG einschl. Betrachtung der Arbeitsstätte	1100	1,0	A	1,2 x 1,0 x 1,0	1.320
Technikräume 1. UG Verkehrsflächen nicht angerechnet	450	0,0	keine	1,0 x 1,0 x 1,0	0
Werkstätten für Instandsetzung EG Betrachtung der Arbeitsstätten	357	0,6	A	1,2 x 1,0 x 1,0	257
Werkstätten für die Lehre, Institutsbereich EG einschl. Bewertung der Arbeitsstätte	330	1,4	A	1,2 x 1,0 x 1,0	554
Speisesaal mit Küchenbereich EG einschl. Betrachtung der Arbeitsstätte	696	1,2	A	1,2 x 1,0 x 1,0	1.002
Büro- und Verwaltungsräume EG einschl. Betrachtung der Arbeitsstätte	150	1,0	A	1,2 x 1,0 x 1,0	180
Bibliothek mit Benutzer- und Freihandbereich EG einschl. Betrachtung der Arbeitsstätte	1422	1,1	A	1,2 x 1,0 x 1,0	1.877

Teilfläche, Nutzung	BGF in m²	Nutzungsfaktor n	Index Schwierigkeit	Schwierigkeitsbeiwert si	Flächenäquivalent Aq
Verkehrsflächen einschl. Sanitätsräume, Umkleiden, Garderoben, Foyer etc. EG einschl. Betrachtung der Arbeitsstätte	2920	1,0	A	1,2 x 1,0 x 1,0	3.504
Technikflächen EG keine Anrechung	246	0,0	keine	1,0 x 1,0 x 1,0	0
Werkstätten für Instandsetzung 1. OG einschl. Bewertung der Arbeitsstätte	343	0,6	A	1,2 x 1,0 x 1,0	247
Büro- und Verwaltungsräume 1. OG einschl. Bewertung der Arbeitsstätte	980	1,0	A	1,2 x 1,0 x 1,0	1.176
Bibliothek mit Benutzer- und Freihandbereich 1. OG einschl. Betrachtung der Arbeitsstätte	1180	1,1	A	1,2 x 1,0 x 1,0	1.558
Hörsäle, Unterricht mit festem Gestühl einschl. Bewertung der Arbeitsstätte	735	1,4	A	1,2 x 1,0 x 1,0	1.235
Ruheraum für Schwerbehinderte, Sanitär- und Nebenräume 1. OG einschl. Bewertung der Arbeitsstätte	1609	1,0	A	1,2 x 1,0 x 1,0	1.931
Technikräume 1. OG keine Anrechnung	73	0,0	keine	1,0 x 1,0 x 1,0	0
Büro- und Verwaltungsräume 2. OG einschl. Bewertung der Arbeitsstätte	1170	1,0	A	1,2 x 1,0 x 1,0	1.404
Bibliothek mit Benutzer- und Freihandbereich 2. OG einschl. Betrachtung der Arbeitsstätte	750	1,1	A	1,2 x 1,0 x 1,0	990
Unterrichts- und Übungsräume 2. OG einschl. Bewertung der Arbeitsstätte	953	1,4	A	1,2 x 1,0 x 1,0	1.601
Sanitär-, Abstell- und sonstige Räume 2. OG einschl. Bewertung der Arbeitsstätte	1081	1,0	A	1,2 x 1,0 x 1,0	1.297
Technikräume 2. OG keine Anrechnung	74	0,0	keine	1,0 x 1,0 x 1,0	0
Produktions- und Werkstätten für die Lehre 3. OG einschl. Bewertung Arbeitsstätte	846	1,4	A	1,2 x 1,0 x 1,0	1.421
Büro- und Verwaltungsräume 3. OG einschl. Bewertung der Arbeitsstätte	1954	1,0	A	1,2 x 1,0 x 1,0	2.345
Unterrichts- und Übungsräume 3. OG einschl. Bewertung der Arbeitsstätte	190	1,4	A	1,2 x 1,0 x 1,0	319
Sanitär-, Abstell- und sonstige Räume 3. OG einschl. Bewertung der Arbeitsstätte	1047	1,0	A	1,2 x 1,0 x 1,0	1.256
Technikräume 3. OG keine Anrechnung	73	0,0	keine	1,0 x 1,0 x 1,0	0

Teilfläche, Nutzung	**BGF** in m^2	Nutzungsfaktor **n**	Index Schwierigkeit	Schwierigkeitsbeiwert **si**	Flächenäquivalent **Aq**
Büro- und Verwaltungsräume 4. OG einschl. Bewertung der Arbeitsstätte	1803	1,0	A	1,2 x 1,0 x 1,0	2.164
Unterrichts- und Übungsräume 4. OG einschl. Bewertung der Arbeitsstätte	90	1,4	A	1,2 x 1,0 x 1,0	151
Sanitär-, Abstell- und sonstige Räume 4. OG einschl. Bewertung der Arbeitsstätte	717	1,0	A	1,2 x 1,0 x 1,0	860
Technikräume 4. OG keine Anrechnung	42	0,0	keine	1,0 x 1,0 x 1,0	0
Büro- und Verwaltungsräume 5. OG einschl. Bewertung der Arbeitsstätte	1885	1,0	A	1,2 x 1,0 x 1,0	2.262
Sanitär-, Abstell- und sonstige Räume 5. OG einschl. Bewertung der Arbeitsstätte	698	1,0	A	1,2 x 1,0 x 1,0	838
Technikräume 5. OG keine Anrechnung	42	0,0	keine	0,0 x 1,0 x 1,0	0
Erschließungsfläche Außenbereich notwendige Erschließungsfläche	3028	0,8	keine	1,0 x 1,0 x 1,0	2.422
Hoffläche als allgemeiner Aufenthalt	1021	0,6	keine	1,0 x 1,0 x 1,0	613
Gesamt	40.435				**37.309**
Honorar Regelleistungen Lph 1 bis 8	**H** = 2.100 + 110 x Aq^0,6			€	**62.981**

2.7 Parkanlage und Spielplatz

In einer ausgedehnten Parkanlage sollen Spielflächen und -geräte barrierefrei integriert werden. Für die Planung der Barrierefreiheit sind zudem teilweise die Wegeflächen als notwendige Erschließung relevant.

Teilfläche, Nutzung	**BGF** in m^2	Nutzungsfaktor **n**	Index Schwierigkeit	Schwierigkeitsbeiwert **si**	Flächenäquivalent **Aq**
Wegeflächen als notwendige Erschließung	980	0,8	keine	1,0 x 1,0 x 1,0	784
Spielflächen	250	1,0	keine	1,0 x 1,0 x 1,0	250
Vegetationsflächen keine Anrechnung	5170	0,0	keine	1,0 x 1,0 x 1,0	0
Gesamt	6.400				**1.034**
Honorar Regelleistungen Lph 1 bis 8	H = 2.100 + 110 x Aq^0,6			€	**9.181**

2.8 Wohnumfeldgestaltung mit Sinnesgarten

Die Freiflächen einer bestehenden Wohnanlage von verschiedenen mehrgeschossigen Gebäuden sollen neu und barrierefrei in topografisch bewegtem Gelände gestaltet werden. Es sollen Spiel- und Aufenthaltsbereiche für die Bewohner geschaffen und die Stellplatzanlagen einbezogen werden. Aus Denkmalschutzgründen werden die Wege mit Naturstein-Großpflaster versehen und Teile der Vegetationsflächen durch Duftstauden auch für Menschen mit Behinderungen erlebbar gestaltet.

Teilfläche, Nutzung	**BGF** in m²	Nutzungsfaktor **n**	Index Schwierigkeit	Schwierigkeitsbeiwert **si**	Flächenäquivalent **Aq**
Wegeflächen als notwendige Erschließung	2.300	0,8	keine	1,0 x 1,0 x 1,0	1.840
Spielflächen topografisch bewegt	820	1,0	keine	1,0 x 1,0 x 1,0	820
Park- und Stellplatz relevante Fläche	400	0,4	Bd	1,0 x 1,2 x 1,0	192
Sitz- und Aufenthaltsbereich, Plätze topografisch bewegt	3.890	0,6	To	1,0 x 1,2 x 1,0	2.801
Staudenflächen Sinnesgarten; erhöhte Kennzeichnung	1.200	0,9	Sp	1,0 x 1,2 x 1,0	1.296
Vegetationsflächen keine Anrechnung	10.800	0,0	keine	1,0 x 1,0 x 1,0	0
Gesamt	19.410				**6.949**
Honorar Regelleistungen Lp1 bis 8	**H** = 2.100 + 110 x Aq^0,6			€	**24.309**

3 Erläuterungen

3.1 Anwendungsbereich

Aus der gesellschaftlich wichtigen und gewünschten Teilhabe von Menschen mit Behinderungen resultieren bei der Objekt- und Fachplanung anspruchsvolle Planungsaufgaben. Für die Honorarermittlung können diese nach § 35 Abs. 2 HOAI insbesondere mit erhöhten Anforderungen unter den Bewertungsmerkmalen „konstruktive Anforderungen", „technische Ausrüstung" sowie „Einbindung in die Umgebung" mit einer Zuordnung in eine höhere Honorarzone erfasst werden.

Darüber hinaus ergeben sich insbesondere bei Sonderbauten, großen Wohnanlagen, Umbauten oder Nutzungsänderungen im Bestand etc. verschiedene Anforderungen an die Planung, die über die Grundleistungen in der HOAI vorhandener Leistungsbilder hinausgehen und die dort vorgesehene Honorierung durch Anpassung der Honorarzone oder des Honoraransatzes unberührt lassen. Es handelt sich um ergänzende, eigenständige Beratungsleistungen, die teilweise eine besondere Qualifikation erfordern und stets nur interdisziplinär gelöst werden können. Diese Leistungen generieren für den Bauherrn zugleich einen Mehrwert, unterstützen diesen in speziellen Abstimmungs- und Genehmigungsprozessen oder auch besonderen Zertifizierungsverfahren.

Aufgrund der schutzzielorientierten Anwendung der technischen Regelwerke, insbesondere der DIN 18040, ist für jedes Bauvorhaben eine objektspezifische Lösung zu erarbeiten. Die Anwendung der schutzzielbasierten Norm ermöglicht vielfältige Lösungsvarianten. Daher ist für jede bauliche Situation eine individuelle/spezifische Bewertung erforderlich, die den konkreten funktionalen Kontext berücksichtigt. Somit setzt jede barrierefreie Lösung eine Einzelfallbetrachtung voraus. Im förderalen System der Bundesrepublik Deutschland werden teilweise besondere Bauvorlagen vorgegeben, die ggf. eine eigene Plandarstellung erforderlich machen, die sich in einem speziellen Barrierefrei-Konzept dokumentiert. Auch die Unterstützung in der Beantragung von Fördermitteln oder sonstige Gründe und Bedarf des Bauherren können Anlass für ein Barrierefrei-Konzept sein.

Die Anwendung der technischen Regelwerke impliziert einen ganzheitlichen Ansatz des Barrierefreien Bauens und geht über die Erfüllung von rein geometrischen Anforderungen weit hinaus (z.B. Kontrastbestimmung, Kommunikationsanlagen, technische Ausrüstung). Zudem umfasst sie einen hohen Abstimmungsprozess zwischen den Baubeteiligten sowie öffentlich-rechtlichen als auch privatrechtlichen Vertretern.

Die hier vorliegende Veröffentlichung behandelt diese Leistungen, sofern sie mit Bezug auf die Leistungsbilder der HOAI in den dort ausgewiesenen Grundleistungen nicht enthalten sind. Es handelt sich also um Besondere Leistungen, die zusätzlich zu vergüten sind.

Diese Veröffentlichung stellt darauf ab, dass die beschriebene Tätigkeit besondere Kenntnisse und Erfahrung bei der Planung der Barrierefreiheit erfordert und so die Objekt- und Fachplanung beratend unterstützt. Ob und wann diese Leistungen erforderlich werden, ist in Abhängigkeit der jeweiligen Planungsaufgabe, obigen Veranlassungen und den ggf. unterschiedlichen Bauvorschriften der Länder zu klären.

Im Anwendungsbereich ausdrücklich ausgenommen sind Objekte des öffentlichen Nahverkehrs.

Wesentliche Bedeutung für den Anwendungsbereich dieser AHO-Veröffentlichung besitzt bereits die Phase 1 „Vorleistungen, Grundlagenbearbeitung", bei welcher nicht allein die Klärung der Aufgabenstellung erfolgt, sondern zugleich bereits grundsätzliche konzeptionelle Ansätze für Optimierungsmöglichkeiten erarbeitet werden, um so auch den Umfang der Barrierefreiheit im konkreten Objekt und den hieraus resultierenden Planungen aufzubereiten.

3.2 Grundlagen des Honorars

Die Vergütungstatbestände der in der Tabelle von Kapitel 1.4 ausgewiesenen Regelleistungen werden in einem System zunächst unabhängig von anrechenbaren Kosten ermittelt. Damit wird eine verlässliche Honorarermittlung zu einem frühen Projektzeitpunkt (bei Festliegen des Raumprogramms und der Nutzung) ermöglicht und ebenso die Anpassung bei Veränderungen berücksichtigt.

Die Ermittlung erfolgt unter Berücksichtigung der nachfolgend näher erläuterten relevanten Fläche, eines Beiwerts für die Nutzung n und (ggf. mehreren) Schwierigkeitsbeiwerten s, die zur besseren Unterscheidung mit einem Index versehen sind.

Für Gebäude und Innenräume ist die jeweilige Bruttogrundfläche der für die Barrierefreiheit relevanten Bereiche maßgebend. Die Ermittlung sollte jeweils für Nutzungseinheiten oder Geschosse bzw. Gebäudebereiche gleicher oder vergleichbarer Nutzung einschließlich deren Verkehrs- und Erschließungsflächen (z.B. Flure, Treppenräume) ermittelt werden, also in der Regel nicht in „raumscharfer" Auswertung erfolgen.

Relevant sind dabei stets die Flächen bzw. Nutzungseinheiten, für die Anforderungen an die Barrierefreiheit bestehen; systematisch werden die übrigen, für die Barrierefreiheit nicht relevanten Flächen mit dem Nutzungsbeiwert n = 0 belegt.

Auch bei den Freianlagen beschränkt sich der Flächenansatz auf die Betrachtung der für die Barrierefreiheit relevanten Flächen. So kann die „Notwendige Erschließungsfläche" im Allgemeinen durch Ansatz einer Breite von 1,80 m (entsprechend dem Maß der Begegnungsbreite nach DIN 18040) und der Abwicklungslänge ermittelt werden. Für die Barrierefreiheit nicht relevante Flächen sind beispielsweise sämtliche Vegetationsflächen, sofern sie nicht besonders, z.B. als Sinnesgarten, gestaltet werden.

Für den Ansatz „relevanter Park- und Stellplatzanlagen" ist lediglich die Fläche des Pkw-Stellplatzes für Menschen mit Behinderungen einschließlich dessen Anbindung an die notwendigen Erschließungsflächen (s.o.) anzusetzen, da für die in der Regel mit einem Kraftfahrzeug vorgenommene Zufahrt zu diesen Flächen keine spezifischen Planungen zur Barrierefreiheit erforderlich sind. Innerhalb von Gebäuden ist für Garagen und Parkhäuser die gesamte Fläche (allerdings dann mit kleinerem Nutzungsfaktor) zugrunde zu legen, da eine solche einschränkende Zuordnung nicht besteht.

In Tabelle 1 berücksichtigt der Beiwert n = 0,2 für Büro- und Verwaltungsflächen die Fallgestaltung, dass zunächst nur eine generelle Erschließung der Nutzungseinheit die Planungsaufgabe darstellt. Gegebenenfalls erfolgt die vertiefende Planung und Detaillierung (z.B. im Zusammenhang mit der Mieterplanung) innerhalb der Nutzungseinheit zu einem späteren Zeitpunkt und kann dann mit dem höheren Nutzungsbeiwert n = 0,8 sachgerecht bepreist werden. Diese Systematik mag auch für andere Nutzungen im Einzelfall zutreffen und kann dann analog übertragen werden.

Dabei ist mit den Nutzungsfaktoren n die Planung im baurechtlichen Bezugsrahmen erfasst. Sofern zusätzlich die Betrachtung der Arbeitsstätte oder gar der Arbeitsstätte mit Inklusionsvereinbarung erfolgen soll, greift Tabelle 3 mit den dort ausgewiesenen Schwierigkeitsbeiwerten sA oder sAi und bildet so den erhöhten Aufwand ab.

Bei stets höheren Aufwand auslösenden Bestandsgebäuden wird unterschieden, ob darüber hinaus Anforderungen an den Denkmalschutz bestehen, dies wird jeweils mit einem unterschiedlichen Beiwert sB oder sBd erfasst.

Zusätzlicher Aufwand bzw. Schwierigkeiten resultieren bei mehrstufigen Verfahren durch teilweise Wiederholungen bei stufenweiser Beauftragung und längeren Planungszeiträumen, beim Einsatz von Datenplattformen durch zusätzliches Datenmanagement und ggf. anteilige Lizenzgebühren.

Topgrafisch schwierige Verhältnisse betreffen insbesondere die Freianlagenplanung mit großen Höhenunterschieden der Anbindungspunkte an den Gebäudezugang bzw. die öffentliche Verkehrsfläche und die hieraus resultierende Planungsaufgabe zur sachgerechten und wirtschaftlich gestalteten Überwindung dieser Höhen.

3.3 Prozentsätze der einzelnen Phasen

Die ausgewiesenen Von-Hundert-Sätze orientieren sich am Arbeitsumfang der einzelnen Phasen und berücksichtigen insbesondere den Umstand, dass bei einer möglichst frühen und engagierten Einbindung der Planung der Barrierefreiheit wesentliche Optimierungspotenziale für das gesamte Bauprojekt gefunden und genutzt werden können.

Der vergleichsweise hohe Anteil in Phase 4 – Genehmigungsplanung – resultiert hier insbesondere aus dem Aufwand beim Erstellen von Barrierefrei-Plänen als Visualisierung, die sich als sinnvolle und notwendige Ergänzung der Bauvorlage in der Praxis ergeben hat.

Das Leistungsbild berücksichtigt nunmehr auch in Phase 6 und 7 Regelleistungen, wobei hier ein Ansatz von 1 % erfolgt und dokumentiert, dass hier die Beiträge einen zumeist geringen Umfang haben werden.

Für die Leistungen der Phase 8 „Baubegleitung und Dokumentation" ist der Ansatz von 15 % unter Berücksichtigung der erforderlichen Auswertung von Nachweisen und sonstigen Unterlagen sowie der Begrenzung auf maximal drei Begehungseinheiten erfolgt.

In Phase 9 sind keine Regelleistungen formuliert, sodass hier wie generell die ggf. erforderlichen „Optionalen Leistungen" durch zusätzliche Vereinbarung im Einzelfall festzulegen sind.

3.4 Leistungsbild „Planung der Barrierefreiheit"

Nachfolgend werden die in den einzelnen Phasen definierten Regelleistungen und Optionalen Leistungen näher erläutert.

Phase 1 Vorleistungen, Grundlagenbearbeitung

Die Phase 1 dient bereits der Grundlagenbearbeitung, mit der das *„Klären der Aufgabenstellung und des Planungsumfangs"* als **Regelleistung** erfolgt, und geht also deutlich über eine Grundlagenermittlung hinaus.

Über den in der Objektplanung ermittelten Umfang hinaus erfolgt ein *„Klären, ob für die beabsichtigte Art und Nutzung der baulichen Anlage baurechtliche Anforderungen an die Barrierefreiheit bestehen bzw. arbeitsstättenrechtliche Vorgaben Anwendung finden, die über den Regelfall hinausgehen"*. Diese können sowohl aus der vorgesehenen Bauweise, den spezifischen Nutzungsbedingungen als auch den Bauherrnvorgaben nach einer besonderen Zertifizierung etc. resultieren. Bereits hier werden durch die Einordnung der rechtlichen Rahmenbedingungen die Weichen gestellt bzw. die Planungsgrundlagen, auch für die übrigen Gewerke, festgelegt.

Ein Mehrwert resultiert, wenn *„Hinweise auf grundsätzliche konzeptionelle Ansätze und Optimierungsmöglichkeiten"* gegeben werden. So erfolgt z.B. die parallele oder ggf. gesonderte Betrachtung der Bereiche des „Besucher- und Benutzerverkehrs" (nach § 50 Abs. 1 MBO) und der Arbeitsstätte. Beispielsweise könnte als erster konzeptioneller Entwurf für ein Bürogebäude ein Besucherverkehr im obersten Geschoss vorgesehen sein, was zur Folge hätte, dass die Erschließungsbereiche bis dorthin nach baurechtlichen Vorgaben barrierefrei auszuführen wären. Alternativ bzw. als Optimierung wäre ggf. die Verlegung dieser Funktion in ein anderes, tiefer gelegenes Geschoss möglich, sodass sich die Anforderungen der baulichen und technischen Barrierefreiheit auf einen kleineren Gebäudeteil reduzieren. Hierbei ist jedoch zu prüfen, dass die gemäß der zweckentsprechenden Nutzung entstehenden Betriebs-/Funktionsabläufe innerhalb eines Gebäudes in der allgemein üblichen Weise bestehen bleiben und aus Gründen der Barrierefreiheit keine Ausnahmeregelungen oder Sonderlösungen geschaffen werden. Bei der Überlegung von Alternativen bzw. Optimierungen zu Raumanordnungen sind daher die Prinzipien einer inklusiven Gebäudeplanung anzuwenden.

Dabei ist auch das *„Erörtern, inwieweit Varianten der Art und Nutzung des Gebäudes Einfluss auf Anforderungen an die Barrierefreiheit haben"*, als notwendige Regelleistung zu sehen, die insgesamt zur Optimierung beiträgt sowie den Bauherrn über Randbedingungen zur wirtschaftlichen Nutzung des Gebäudes informiert. Hieraus kann ggf. eine Anpassung der Planungsgrundlagen im Interesse einer wirtschaftlicheren Bauausführung resultieren, wenn die aufgezeigten Varianten zu Art und Nutzung des Objektes ebenso durch den Bauherrn bestätigt werden können.

Die Arbeitsergebnisse sind skizzenhaft bzw. stichpunktartig zusammenzustellen (*„Zusammenstellen der Ergebnisse"*).

Als **Optionale Leistung** ist die *„Bestandsaufnahme vor Ort"* ausgewiesen, da sie naturgemäß nicht bei allen Objekten anfällt. Dies gilt auch für die zusätzlich aufgenommene Optionale Leistung *„Auswertung von übergebenen Bauakten oder Recherche in*

Bauarchiven". Stets ist es vom Einzelfall abhängig, ob und in welchem Umfang diese Leistungen entstehen, sodass eine sinnvolle Abrechnung nur nach Aufwand möglich ist.

Auch das *„Mitwirken bei der Bedarfsplanung in Bezug auf das Barrierefreie Bauen"* fällt zunehmend häufiger an, jedoch nicht regelmäßig bei allen Projekten und wird daher als Optionale Leistung definiert. So sind ggf. für Bauherren der Öffentlichen Verwaltung der quantitative und qualitative Bedarf zur Barrierefreiheit zu ermitteln und mit ihrem Ressort abzustimmen.[1] Die betreffenden Bereiche sind angemessen einzubinden und mit ihren Belangen in der Bedarfsermittlung zu berücksichtigen. Das Ergebnis ist in der Bedarfsanmeldung zusammenzufassen.

Ebenso ist die Berücksichtigung von Mittelbeschaffungen (z.B. Fördermitteln) oder Zertifizierungsprogrammen keine regelmäßig anfallende und übliche Ingenieurleistung und daher als Optionale Leistung definiert (*„Klären, ob nach anderen Vorgaben [z.B. Zertifizierung, Fördermittel] Anforderungen an die Barrierefreiheit bestehen"*). Dabei bedeutet die Recherche und der Abgleich der Projektaufgaben mit den Anforderungen aus z.B. Fördermittelbestimmungen häufig einen hohen Aufwand. Verschiedene Richtlinien haben unterschiedliche Anforderungen, die in der Regel nicht 1:1 mit dem baurechtlichen oder technischen Regelwerk konform formuliert sind. Die Harmonisierung der verschiedenen Anforderungen und ggf. die Erreichung eines höheren Anforderungsprofils verursachen immer Mehrleistungen, die als besonderer Aufwand zu vergüten sind.

Phase 2 Vorplanung und Konzeption

Eine wesentliche **Regelleistung** der Phase 2 ist das *„Identifizieren der für die bauliche Anlage maßgeblichen Nutzergruppen sowie der daraus resultierenden Schutzziele nach besonderen Anforderungen des Auftraggebers oder der Nutzer"*. Die daraus resultierenden (baulichen) Bedarfe sind zu erörtern und für die weitere Planung als sog. Schutzziele zu formulieren Bereits hier entsteht ein Abstimmungsaufwand zwischen allen Projektbeteiligten.

Das *„Auswerten der nach allgemeinen Regelwerken in der Objektplanung ermittelten erforderlichen qualitativen Bedarfe an die Barrierefreiheit und der nach besonderen Regelwerken erforderlichen Bedarfe an Barrierefreiheit"* ist essenzieller Bestandteil der Konzeption Barrierefreiheit und bildet die Grundlage für die nachfolgende über die Objektplanung hinausgehende Konkretisierung und Erstellung des Barrierefrei-Konzeptes in Phase 3 und 4.

Die Ermittlung der relevanten Nutzergruppen sowie deren Anzahl gehen häufig über die Betrachtung des sog. Standardnutzers nach DIN 18040 hinaus. So unterscheiden sich bspw. die nutzungstypischen Anforderungen an ein Rathaus wesentlich von denen an ein Pflegeheim, die einer Flächenzuwegung von den nutzungstypischen Anforderungen eines Spielplatzes.

Ebenso ist z.B. die blindengerechte Ausstattung einer Werkstatt für Mitarbeiter mit kognitiven Einschränkungen oder in einem klassischen Pflegeheim für ältere Menschen funktional weder hilfreich noch notwendig. Für andere Objekte entfallen ggf. Nutzergruppen, weil diese aufgrund der Gebäudefunktion dort nicht vorkommen können. Beispielsweise wird das Gebäude einer Feuerwache in der Regel keinen Bedarf an Rollstuhlgerechtigkeit in den Arbeitsbereichen der Mitarbeiter für die aktive Personenrettung und der Brandbekämpfung haben, im Gegensatz zum Verwaltungsbereich des Gebäudes, in dem

1 Vgl. z.B. Geschäftsanweisung für den staatlichen Hochbau des Landes Hessen, GABau, Stand 03/2019.

Rollstuhlgerechtigkeit notwendig sein kann. Für andere Gebäude ist von einer überdurchschnittlichen Anzahl bestimmter Nutzergruppen (z.B. Personen mit Hörbehinderung in einer Schule mit Förderschwerpunkt „Hören und Kommunikation") auszugehen. Daher ist grundsätzlich die Leistung *„Feststellen, inwieweit im konkreten Fall individuelle darüber hinausgehende qualitative Bedarfe bestehen"* als wesentliche Grundlage für die weitere Planung der Barrierefreiheit zu erbringen. Im Falle einer für das spätere Objekt noch nicht bekannten Nutzergruppe sind ebenfalls typische Nutzergruppen (sog. Standardnutzer) festzulegen, ggf. unter Ermittlung eines fiktiven Nutzerszenarios.

Die ermittelten Nutzungsbereiche, an die Anforderungen an die Barrierefreiheit bestehen, sind in der Phase 2 skizzenhaft zu dokumentieren und um eine Auflistung der Bedarfe zu ergänzen (*„Visualisieren der Bereiche, an die Anforderungen an die Barrierefreiheit bestehen"*). Die Arbeitsergebnisse der Vorplanung sind zusammenzustellen *(„Zusammenstellen der Ergebnisse")*.

Als **Optionale Leistung** ist die Untersuchung des Bestandes hinsichtlich der Barrierefreiheit nur bei Projekten mit Bestandsobjekten relevant. So kommt das Aufstellen eines Defizitkataloges und eines systematisch darauf aufbauenden Maßnahmenkataloges nicht bei allen Projekten vor (*„Durchführen einer Bestandsanalyse einschließlich Erstellen eines Defizit- und Maßnahmenkataloges/Feststellen des Handlungsbedarfs und Erstellen eines Maßnahmenkataloges"*).

Zum *„Beraten zur Umsetzung der qualitativen Bedarfe aus dem vereinbarten Zertifizierungssystemen oder aus Fördermittel-Richtlinien"* gehören insbesondere diverse Untersuchungen zur Ausschöpfung der Potenziale. Diese dienen als Grundlage für die Festlegung der Zertifizierungsstufe und ggf. der Höhe der Fördermittel, sodass aus dieser Optionalen Leistung ein deutlicher Mehrwert für den Bauherrn resultieren kann. Da der hierfür erforderliche Aufwand im Vorhinein nicht bzw. nur bedingt bestimmt werden kann, wird eine aufwandsbezogene Vergütung vorgesehen.

Phase 3 Entwurfsplanung

Die Phase 3 umfasst im Wesentlichen die Leistungen zur Erarbeitung und Abstimmung des Barrierefrei-Konzeptes.

Das *„Konkretisieren der durch die Objekt- und Fachplanung ermittelten quantitativen Bedarfe und der objektspezifischen Anforderungen an das Barrierefreie Bauen"* ist als **Regelleistung** vorgesehen, sodass die objektspezifischen baulichen Anforderungen bereits in Phase 3 benannt werden können. Quantitative Bedarfe ergeben sich z.B. im Hinblick auf Räume mit gleicher Nutzung (barrierefreie Toiletten) bzw. Einrichtungen mit gleicher Funktion (Aufzüge und Elemente der vertikalen Erschließung oder Zugänge zum Gebäude).

Die Schnittstellen (*„Mitwirken bei den fachübergreifenden Schnittstellen"*) zu fachübergreifenden Planungsleistungen (z.B. Brandschutz, Denkmalschutz, Technische Gebäudeausrüstung) werden benannt und Lösungen zur Schutzzielerfüllung in enger Abstimmung mit den Projektbeteiligten festgelegt. Beispielsweise kann die Entwicklung von barrierefreien Rettungsmöglichkeiten Auswirkungen auf den konzeptionellen Entwurf haben sowie auf die Positionierung der Erschließung und den baulichen Brandschutz.

Die Beratungs- bzw. Mitwirkleistungen in Phase 3 dienen als Unterstützung der Objekt- und Fachplaner während der Entwurfsplanung mit dem Ziel, eine im Hinblick auf die Belange der Barrierefreiheit genehmigungsreife Planung zu erstellen („*Beraten der Objekt- und Fachplaner bei Anfragen zum barrierefreien Bauen bis zur genehmigungsreifen Lösung*").

Hieraus resultiert das objektspezifische „**Barrierefrei-Konzept**" als Gesamtsystem der objektspezifischen Planung zur Barrierefreiheit („*Erarbeiten des ganzheitlichen Barrierefrei-Konzeptes einschließlich Ermitteln von erforderlichen Abweichungen und geeigneten Kompensationsmaßnahmen in Abstimmung mit der Objekt- und Fachplanung*").

Dieses wird mit den daraus resultierenden Abweichungen sowie deren Kompensationsmaßnahmen zur Unterstützung der Objektplanung mit den behördlichen Vertretern (z.B. Behindertenbeauftragte) abgestimmt und die Voraussetzungen für mögliche Abweichungsanträge werden erörtert („*Mitwirken bei der Abstimmung mit öffentlich-rechtlichen Vertretern (z.B. Behörden, Behindertenbeauftragten*"). Dabei ist zu berücksichtigen, dass es sich um Abweichungen von technischen Regelwerken handelt, die in besonderem Maße eine schutzzielorientierte Betrachtung erfordern. Die Entwicklung von Kompensationsmaßnahmen bzw. die Begründung von Erleichterungen haben daher stets unter Bezugnahme auf die Schutzziele zu erfolgen, wobei deren Erfüllung in gleichwertiger Art und Weise plausibel nachzuweisen ist.

Auf dieser Basis erfolgt das „*Mitwirken bei der konzeptionellen Umsetzung der Planung der Barrierefreiheit in die Objektplanung*" zur Unterstützung des Entwurfsverfassers. Die Ergebnisse sind zu Dokumentationszwecken zusammenzustellen („*Zusammenstellen der Ergebnisse*").

Die **Optionale Leistung** „*Mitwirken bei der Überprüfung und Beantragung des unverhältnismäßigen Mehraufwandes nach § 50 Abs. 3 MBO*" erfordert die fachtechnische Einschätzung, inwieweit die Anforderungen an die Barrierefreiheit wegen schwieriger Geländeverhältnisse, wegen des Einbaues eines sonst nicht erforderlichen Aufzugs, wegen ungünstiger vorhandener Bebauung oder im Hinblick auf die Sicherheit der Menschen mit Behinderungen nur mit einem unverhältnismäßigen Aufwand erfüllt werden können. Der Umgang mit den Anforderungen gem. § 50 Abs. 3 MBO, d.h. mit der Abweichung von der Umsetzung der geschuldeten Barrierefreiheit aufgrund von unverhältnismäßigem Mehraufwand, erfordert eine detaillierte Analyse der bauordnungsrechtlichen Tatbestände (Abweichung/Ausnahme) und deren Voraussetzungen und daher weitergehende Kenntnisse und Erfahrungen. In den 16 Bundesländern bestehen teilweise gravierende Unterschiede, welche Tatbestandsvoraussetzungen zu einem unverhältnismäßigen Mehraufwand führen können und wie im Hinblick auf eine „Befreiung" von der Barrierefreiheit damit umzugehen ist. Um einen unverhältnismäßigen Mehraufwand plausibel und nachprüfbar darzustellen, ist regelmäßig eine vorausgehende Variantenuntersuchung möglicher barrierefreier Lösungsansätze durchzuführen, wobei die Varianten unter funktionalen und kostentechnischen Aspekten zu bewerten und abzuwägen sind. Auch wenn das Ergebnis in der Konsequenz zu einer Nichterfüllung der Barrierefreiheit führt, ist diese Analyse zur Herleitung des Ergebnisses unerlässlich. Das Ergebnis ist zur Prüfung durch die Genehmigungsbehörde in einer Unterlage zu dokumentieren und wird damit Bestandteil des Genehmigungsprozesses. Die Leistung dient also der Unterstützung des Entwurfsverfassers bzw. Bauantragsstellers.

Bei dem „*Mitwirken bei der Kostenermittlung*" werden dem Planungsteam insbesondere typische Bauweisen oder Produkte genannt, welche der Kalkulation zugrunde gelegt werden können.

Dies ist ebenso der Fall, wenn das *„Mitwirken beim Feststellen des Evakuierungsbedarfs und beim Erarbeiten des Evakuierungskonzeptes"* erfolgt. Beispielsweise muss die Frage des Eigen- bzw. Selbstrettungspotenzials der objektspezifischen Nutzergruppen sowie der Fremdrettungspotenziale beschrieben und ermittelt werden (z.B. Räumungsszenario, Helferschlüssel). Diese Frage muss mit dem Brandschutzkonzeptersteller als Grundlage für das Räumungsszenario abgestimmt werden. So ist bspw. in einem Objekt „Wohngebäude mit betreutem Wohnen" von einer hohen Personenanzahl auszugehen, die in ihrer Eigenrettung eingeschränkt ist. Die Erörterung mit der zuständigen Feuerwehr, welche Rettungsgeräte vorhanden sind und mit welcher Art Rettungsgerät wie viele Personen ggf. in welcher Zeit zu retten wären, ist keine übliche Aufgabe und daher als Optionale Leistung anzusetzen.

Zudem gehören die *„Teilnahme an Partizipationsveranstaltungen"* mit Interessenvertretern und die Teilnahme an politischen Gremien (Behindertenbeirat, Stadtrat u.a.) nicht zur originären Planungsaufgabe. Da diese Veranstaltungen häufig einen hohen Zeitaufwand sowie besondere Präsentationsformen erfordern, sind diese Leistungen gesondert zu vergüten.

Das „Beraten bei der Festlegung von entwurfsrelevanten Maßnahmen, die aus den vereinbarten Zertifizierungssystemen oder Fördermittel-Richtlinien resultieren" fällt ausschließlich in Projekten mit Fördermittelbeschaffung und/oder Zertifizierungssystemen an und ist der Phase 3 daher als Optionale Leistung zugeordnet, wenngleich diese Fragestellung in der Praxis durchaus häufig ansteht.

Als Optionale Leistung ist auch das *„Abstimmen der Entwurfsplanung der Barrierefreiheit einschließlich der Abweichungen und Kompensationsmaßnahmen mit privat-rechtlichen Vertretern (z.B. Schwerbehindertenvertretung)"* eines Betriebes zu sehen, die insbesondere bei Betriebsstätten mit hoher Anzahl von Mitarbeitern mit Behinderungen notwendig ist und zumindest eine arbeitsrechtliche Relevanz aufweist.

Phase 4 Genehmigungsplanung

In Phase 4 wird als **Regelleistung** im Wesentlichen das in den vorangegangenen Phasen erarbeitete Barrierefrei-Konzept dokumentiert. Dazu gehört das *„Erarbeiten des Erläuterungsberichtes mit Darstellung der Grundlagen, die der Planung zugrunde liegen und der baulichen, technischen und betrieblichen/organisatorischen Maßnahmen…"*. Die Dokumentation enthält sämtliche Maßnahmen zur Erfüllung der Anforderungen an die Barrierefreiheit sowie ggf. Abweichungen und deren Kompensationsmaßnahmen sowie die abgestimmten, baurechtlich erforderlichen Begründungen als *„Nachweis der Umsetzung der allgemeinen und individuellen objektspezifischen Schutzziele einschließlich Begründen von Abweichungen und Beschreiben der Kompensationsmaßnahmen"*.

Als weitere Dokumentation erfolgt das *„Erstellen von Barrierefrei-Plänen als Visualisierung der Maßnahmen zur Barrierefreiheit"*. Diese Maßnahmen stellen einen wesentlichen Bestandteil der Leistung der Barrierefreiheit und zugleich auch einen höheren zeitlichen Aufwand dar. Die Unterlagen sind zusammenzustellen (*„Zusammenstellen der Unterlagen"*).

Die grafische Hervorhebung der Barrierefrei-Anforderungen und -Lösungen mithilfe spezifischer Piktogramme und Flächenbezeichnungen veranschaulicht die objektspezifischen Maßnahmen sowohl für die behördliche Prüfung als auch für alle Planungsbeteiligten. Ziel der Plandarstellung ist es, dass funktionale Zusammenhänge der Erschließung, der Wegeführung und besonderen Bauteile schnell und einfach erkannt werden. Üblicherweise werden „Besucher- und Benutzerverkehr", „Arbeitsstätte" und die Bereiche ohne Anforderungen an die Barrierefreiheit sowie rollstuhlgerechte Bewegungs- bzw. Verkehrsflächen dargestellt und Ausstattungen, wie z.B. Anforderungstaster, Stufenmarkierungen, Handläufe und akustische Maßnahmen u.Ä., gekennzeichnet. Die Barrierefrei-Pläne sind zumeist nicht identisch mit den Baueingabeplänen, sondern werden als separate Pläne auf gleicher Plangrundlage, aber mit einer eigenen, spezifischen Plandarstellung zur sachgerechten und systematischen Dokumentation erstellt. Üblicherweise wird hierzu ein Maßstab von 1:100 verwendet, es können jedoch auch andere Maßstäbe zur Veranschaulichung der barrierefreien Lösung erforderlich sein. Diese ergänzen den textlichen *„Nachweis der Umsetzung der allgemeinen und individuellen, objektspezifischen Schutzziele einschließlich Begründung von Abweichungen und Beschreiben von Kompensationsmaßnahmen"*.

Als **Optionale Leistung** ist das *„Überprüfen von Bauvorlagen auf zutreffende und vollständige Umsetzung des Barrierefrei-Konzeptes und auf Übereinstimmung mit dem Erläuterungsbericht"* ausgewiesen, die von den übrigen Planungspartnern (Objektplanung Gebäude oder Fachingenieure) erstellt wurden. Dies ist ggf. im Interesse eines konsistenten Bauantrags bei komplexen Objekten zweckmäßig. Die Leistung kann sich dabei bei der maßlichen Kontrolle wiederholender Bauteile, z.B. Türen, auf Stichproben beschränken. Die Verantwortlichkeit des Objektplaners für die vollständige Genehmigungsplanung bleibt also unberührt.

Die Praxis zeigt, dass aufgrund der Veränderung des freigegebenen Planstandes Änderungen am Barrierefrei-Konzept entstehen können. Daher wird das *„Fortschreiben des prinzipiell genehmigungsfähigen Barrierefrei-Konzepts um die Ergebnisse der Vorprüfung durch Behörden"* in einigen Fällen erforderlich und fällt dann als eine Optionale Leistung an. Sofern sich allerdings generelle Änderungen nach Freigabe des Planstandes für das Barrierefrei-Konzept ergeben sollten, stellen diese eine Wiederholungsleistung der ersten Phasen (Phasen 1 bis 3) oder Teilen davon dar. Das *„Mitwirken bei der Erstellung von Dokumenten für die Fördermittelbeantragung"* ist ebenfalls ein nicht regelmäßig anfallender Arbeitsaufwand, also eine Optionale Leistung.

Phase 5 Ausführungsplanung

Die in Phase 5 ausgewiesenen Beratungs- bzw. Mitwirkungsleistungen unterstützen den Objekt- und Fachplaner dabei, eine ausführungsreife Planung erstellen zu können, die alle objektspezifischen Belange der Barrierefreiheit entsprechend dem genehmigten Barrierefrei-Konzept beinhaltet.

Die Praxis hat gezeigt, dass nur mit speziellen Kenntnissen in der Planung der Barrierefreiheit das *„Prüfen der Baugenehmigung auf einen gegebenenfalls gebotenen Widerspruch, bezogen auf das Barrierefrei-Konzept"*, durchgeführt werden kann – dies insbesondere, wenn trotz intensiver Vorabstimmung im Ämterumlauf Genehmigungsauflagen entstehen, die über das Barrierefrei-Konzept im Bauantrag hinausgehen. Für diesen Fall ist hier eine sachgerechte Abwägung vorzunehmen, inwieweit diese Auflagen berechtigt sind oder ein Widerspruch mit entsprechender Begründung möglich ist.

Die weitere Regelleistung *„Beraten der Objekt- und Fachplaner bei Anfragen zum barrierefreien Bauen bis zur ausführungsreifen Lösung auf Basis des genehmigten Barrierefrei-Konzepts"* präzisiert einerseits, dass die Aktivität hier von den Objekt- oder Fachplanern ausgeht, also aktiv angefragt werden muss, und andererseits keine ständige bzw. automatisierte Überprüfung sämtlicher Planungsschritte erfolgt.

Des Weiteren wird klargestellt, dass die Auflagen der Baugenehmigung Grundlagen für die Ausführungsplanung darstellen und integriert werden müssen.

Die Regelleistung *„Mitwirken bei der Auswahl geeigneter Produkte"* verdeutlicht, dass die Objekt- und Fachplaner bedarfsweise mit besonderer Fachkunde in der Barrierefreiheit über die vielfältigen Produkte am Markt mit ihren Vor- und Nachteilen objektspezifisch in der geeigneten Auswahl beraten werden.

Das *„Überprüfen der Ausführungs-/Detail- und Konstruktionszeichnungen zur Einhaltung der Anforderungen an das barrierefreie Bauen"* besagt, dass hiermit lediglich die Prüfung und Bewertung einer durch die Objekt-/Fachplaner vorgelegten Planung erfolgt und nicht das eigene Erstellen.

Das *„Erarbeiten technisch-konstruktiver Lösungsansätze für besondere Anwendungsfälle"* dient der klaren Abgrenzung der **Optionale Leistung** gegenüber den Regelleistungen, wenn es in besonderen Fällen erforderlich ist, dass neue Detaillösungen oder der Anschluss eines spezifischen Produkts an ein Standarddetail in der Planung der Barrierefreiheit entwickelt werden muss. Ebenso hat die Praxis gezeigt, dass die Untersuchung und das *„Mitwirken bei der Wirtschaftlichkeitsbetrachtung von Detaillösungen"* in Einzelfällen vorkommen und sodann häufig einen hohen Zeitaufwand erfordern.

Phase 6 Mitwirken bei der Vorbereitung der Vergabe

Aufgrund der Begleitung der Leistungsphase (Lph) 5 (gem. HOAI, Anlage 10.1) wird in der Lph 6 (gem. HOAI, Anlage 10.1) in der Regel nur eine geringe Beratung oder Zuarbeit abgefragt. Gleichwohl kann es als Regelleistung notwendig sein, dass das Erstellen oder Präzisieren von Textbausteinen für das Leistungsverzeichnis bzgl. besonderer Ausführungen hinsichtlich des barrierefreien Bauens erfolgt. Daher ist dies als *„Mitwirken bei den durch die Objekt- und Fachplanung erstellten für das barrierefreie Bauen relevanten Teilen des Leistungsverzeichnisses"* aufgenommen und betrifft in der Regel die Bewertung der Gleichwertigkeit bei alternativen Produkten oder Ausführungen.

Phase 7 Mitwirken bei der Vergabe

In der Lph 7 (gem. HOAI, Anlage 10.1) werden in der Praxis ggf. Leistungen abgefragt, welche als *„Mitwirken bei der Bewertung der für das Barrierefreie Bauen relevanten Teile der Angebote und Nachträge"* eine Regelleistung in Phase 7 rechtfertigen. Das *„Beraten bei der Bewertung von Sondervorschlägen"* fällt als Optionale Leistung nur bei sehr wenigen Projekten an.

Phase 8 Baubegleitung und Dokumentation

In der Phase 8 fällt das *„Prüfen auf prinzipielle Übereinstimmung mit dem Barrierefrei-Konzept an bis zu drei Begehungseinheiten"* als **Regelleistung** an.

Die HOAI 2021 beschreibt in Anlage 10.1 bzw. 11.1 die Leistungen der Bauüberwachung (Lph 8) im Leistungsbild Gebäude und Innenräume sehr umfassend. Neben den darin genannten Aufgaben sind auch besondere Leistungen für Gebäude, Innenräume und Freianlagen ausgewiesen, die über den Inhalt der Lph 8 (gem. HOAI, Anlage 10.1) hinausgehen. Trotz des dargelegten umfänglichen Leistungskataloges verbleiben für das Fachgebiet der Barrierefreiheit Aufgaben, die eine besondere Fach- und Sachkunde sowie vertiefendes Wissen im Bereich des barrierefreien Bauens erfordern. Aus der Erfahrung in der Praxis haben sich daraus **verschiedene Leistungstiefen** entwickelt, die als „Niveau" bezeichnet werden. Es ist beabsichtigt, diese Leistungstiefen ggf. in einer weiteren Veröffentlichung mit den jeweiligen Bearbeitungsinhalten zu beschreiben; an dieser Stelle erfolgt zunächst eine systematische Zuordnung zum Aufwand von Regelleistungen bzw. Optionalen Leistungen.

Niveau 1 (Regelleistung) „Prüfen auf prinzipielle Übereinstimmung"

Niveau 2 (Optionale Leistung) „Detailbezogene Kontrolle"

Es hat sich als praxisnah erwiesen, im Rahmen des Beratungs- und Werkvertrags die Maximalzahl der durchzuführenden Begehungen und deren Terminierung im Bauablauf festzulegen. In einer Vereinbarung sollte aber zur Abgrenzung ebenso das Niveau aufgenommen werden, das nicht Gegenstand der Beauftragung bzw. des Leistungsumfangs ist (Negativvermerk). Als sinnvoller Zeitpunkt wird die Durchführung der Begehungen vor der Rohbauabnahme, vor der Abnahme der relevanten Ausbaugewerke sowie als Vorbereitung auf die baubehördliche Abnahme angegeben.

Das **Niveau 1 „Prüfen auf prinzipielle Übereinstimmung"** zeigt die **Regelleistung**, die aus Ortsbegehungen und dem Überprüfen der baulichen Situation im Hinblick auf die Erfüllung der im Konzept beschriebenen Schutzziele/Funktionsanforderungen entsteht; weiterer Bestandteil der Regelleistung ist die Dokumentation der Prüfergebnisse. Insbesondere erfolgt hier die Plausibilitätsprüfung der funktionalen Zusammenhänge und der verwendeten Bauprodukte. Werden bei der Begehung Abweichungen zum Barrierefrei-Konzept festgestellt, kann das nachträgliche Anpassen des Konzeptes erforderlich werden. Diese Leistung ist als Wiederholungsleistung der Phasen 3 und 4 zu vergüten (Fortschreiben des Barrierefrei-Konzeptes).

Das *„Zusammenstellen der Ergebnisse"* erfolgt in einer Übereinstimmungserklärung, in welcher die Realisierung der im Barrierefrei-Konzept dargestellten Planung bestätigt wird. Das Leistungsbild begrenzt die Regelleistung (*„prinzipielle Übereinstimmung"*) in der Anzahl der Termine auf bis zu drei Begehungseinheiten, was sich in der Praxis und damit für die Honorarermittlung der Regelleistung als sinnvoller Umfang erwiesen hat. Die Dauer der einzelnen Begehungseinheit richten sich jeweils nach Art und Größe des Projekts. Regelmäßig ist jedoch von maximal einem Tageseinsatz je Begehungseinheit auszugehen.

Das **Niveau 2 „Detailbezogene Kontrolle"** zeigt ergänzend zu Niveau 1 das *„Mitwirken bei der Objektüberwachung an für die Barrierefreiheit relevanten Schnittstellen"* als **Optionale Leistung**. Eine *„detailbezogene Kontrolle"* ist beispielsweise sinnvoll, wenn sich bedingt durch die Barrierefreiheit Anforderungen an eine besonders präzise Ausführung ergeben und in besonderem Maße zur Qualitätssicherung beitragen.

Die Ergebnisse sind zusammenzustellen (*„Zusammenstellen der Ergebnisse"*).

Die über die einmalige Begehung hinausgehende Leistung *„Teilnahme an Begehungen mit öffentlich-rechtlichen oder privat-rechtlichen Vertretern (z.B. Behindertenbeauftragte bzw. Schwerbehindertenvertretung) einschließlich der Dokumentation"* stellt ebenso eine Optionale Leistung dar, da diese Begehungen je nach Projektart und -größe mit einem sehr hohen Zeitaufwand verbunden sein können. Dies ist insbesondere der Fall, wenn

Baufremde (z.B. Schwerbehindertenvertreter, Vereine von Menschen mit Behinderungen, Behindertenbeauftragte) im Rahmen der Partizipation an der Feststellung der Erfüllung der Barrierefreiheit zu beteiligen sind und hierüber eine Dokumentation, ggf. sogar eine öffentliche Erklärung, abgegeben werden muss.

Das *„Mitwirken beim Erstellen der Nachweise für die vereinbarten Zertifizierungssysteme“* fällt – wie bereits erwähnt – ausschließlich in Projekten mit Fördermittelbeschaffung und/oder Zertifizierungssystemen an und erfordert z.B. Konformitätserklärungen bzw. Stellungnahmen im Rahmen der o.g. Verfahren als Optionale Leistung.

Phase 9 Objektbetreuung

In der Phase 9 fällt regelmäßig keine Regelleistung an. Das *„Aufbereiten und Übergeben des fortgeschriebenen Barrierefrei-Konzepts an den Nutzer“* ist als **Optionale Leistung** ausgewiesen. Grund hierfür ist, dass in der Praxis zunehmend verlangt wird, Dokumente zu erstellen, aus denen die Gebrauchsfähigkeit und Handhabung der barrierefreien – insbesondere technischen – Lösungen hervorgehen, die über die textliche Fassung des Erläuterungsberichtes hinausgehen.

3.5 Ermittlung der Honorare für Regelleistungen

Für die Honorarermittlung werden die Flächenelemente durch Multiplikation der Bruttogrundfläche, bei Freianlagen der jeweiligen relevanten Flächen, mit den entsprechenden Nutzungsbeiwerten und den (ggf. mehreren) Schwierigkeitsbeiwerten ermittelt.

Das Flächenäquivalent Aq ergibt sich aus der Summe der nach Vorstehendem bewerteten Teilflächen gleicher Nutzung und Schwierigkeit und geht so in die ausgewiesene Honorarformel ein.

Der Exponent 0,6 dokumentiert sachgerecht einen degressiven Verlauf der Honorarkurve und resultiert aus der Erfahrung bei der Auswertung projektbezogener Nachkalkulationen, dass mit wachsenden Flächen bzw. Projektgrößen der relative Planungsaufwand abnimmt.

3.6 Nebenkosten

Die Festlegungen entsprechen den Regelungen der HOAI.

3.7 Beispielrechnungen

Die Beispielrechnungen in Kapitel 2 sollen typische, praxisgerechte Fallgestaltungen zur sachgerechten Honorarermittlung erläutern. Dabei wird insbesondere auf die differenzierte Zuordnung von Schwierigkeitsbeiwerten hingewiesen.

Im Beispiel 2.1 wird die Planung der Freianlagen gemeinsam mit der Projektplanung vorgenommen und daher in die Tabelle eingearbeitet, während die Beispiele 2.7 und 2.8 die Fallgestaltung zeigen, dass diese Tätigkeit von einem anderen Planer durchgeführt wird.

Beispiel 2.2 zeigt ein Büro- und Geschäftshaus mit vergleichsweise großer Grundfläche, während in den Beispielen 2.3 und 2.4 der Einfluss einer Projektschwierigkeit, namentlich des „Denkmalschutzes", ausgewertet wird.

Beispiel 2.5 veranschaulicht ein Gebäude mit sehr unterschiedlichen Nutzungen, die hier für die Ermittlung geschossweise zusammengefasst sind.

Beispiel 2.6 veranschaulicht eine sehr detaillierte Ermittlung, die nach Einzelgeschossen bzw. dort in Nutzungseinheiten aufgebaut ist.

Die Beispiele 2.7 und 2.8 betreffen Leistungen für Freianlagen.

Ausschuss der Verbände und Kammern
der Ingenieure und Architekten
für die Honorarordnung e.V.

Der AHO – Tradition und gewachsene Kompetenz

Der AHO Ausschuss der Verbände und Kammern der Ingenieure und Architekten für die Honorarordnung e.V. ist der Zusammenschluss maßgeblicher Ingenieurverbände, der Länderingenieurkammern Deutschlands und einiger Architektenkammern und -verbände. Als Fachverband wahrt und vertritt er die Honorar- und Wettbewerbsinteressen von Ingenieuren und Architekten.

Die Facharbeit des AHO wird in themenbezogen zusammengestellten Arbeitsgremien von hochqualifizierten Ingenieuren und Architekten ehrenamtlich geleistet. Im Mittelpunkt stehen die Diskussionen von Grundsatzfragen zum Honorar- und Wettbewerbsrecht, die Weiterentwicklung der bestehenden Leistungsbilder der Verordnung über die Honorare für Architekten- und Ingenieurleistungen (Honorarordnung für Architekten und Ingenieure – HOAI) sowie die Erarbeitung neuer Leistungsbilder. Beratungsergebnisse aus den einzelnen Arbeitsgremien werden in der Schriftenreihe des AHO als Praxishilfe für Auftragnehmer und Auftraggeber veröffentlicht.

Mitgliedsorganisationen im AHO

Verbände

abv Arbeitskreis Beratende Ingenieure – Vermessung – im BDB Baden-Württemberg

BAB Berufsverband freischaffender Architekten und Bauingenieure e.V.

BDB Bund Deutscher Baumeister, Architekten und Ingenieure e.V.

BDG Berufsverband Deutscher Geowissenschaftler e.V.

BDK Bundesverband Deutscher Baukoordinatoren e.V.

BDVI Bund der Öffentlich bestellten Vermessungsingenieure e.V.

BVPI Bundesvereinigung der Prüfingenieure für Bautechnik e.V.

BVS Bundesverband öffentlich bestellter und vereidigter sowie qualifizierter Sachverständiger e.V.

DVP Deutscher Verband der Projektmanager in der Bau- und Immobilienwirtschaft e.V.

IGVB Ingenieurverband Geoinformation und Vermessung Bayern e.V.

UBF Unabhängige Berater für Fassadentechnik e.V.

VBI Verband Beratender Ingenieure

VDI Verein Deutscher Ingenieure e.V.

VDV Verband Deutscher Vermessungsingenieure e.V.

VIV Verband der Ingenieurbüros für Verkehrstechnik e.V.

V.S.G.K. Verband der Sicherheits- und Gesundheitsschutzkoordinatoren Deutschlands e.V.

Kammern

Architektenkammer Baden-Württemberg

Architektenkammer der Freien Hansestadt Bremen

Architektenkammer Sachsen

Architektenkammer Thüringen

Architekten- und Ingenieurkammer Schleswig-Holstein

Architekten- und Stadtplanerkammer Hessen

Baukammer Berlin

Bayerische Architektenkammer

Bayerische Ingenieurekammer-Bau

Brandenburgische Ingenieurkammer

Hamburgische Ingenieurkammer-Bau

Ingenieurkammer Baden-Württemberg

Ingenieurkammer-Bau Nordrhein-Westfalen

Ingenieurkammer der Freien Hansestadt Bremen

Ingenieurkammer des Saarlandes

Ingenieurkammer Hessen

Ingenieurkammer Mecklenburg-Vorpommern

Ingenieurkammer Niedersachsen

Ingenieurkammer Rheinland-Pfalz

Ingenieurkammer Sachsen

Ingenieurkammer Sachsen-Anhalt

Ingenieurkammer Thüringen

Außerordentliche Mitglieder

BDIA Bund Deutscher Innenarchitekten e.V.

bdla Bund Deutscher Landschaftsarchitekten

SRL Vereinigung für Stadt-, Regional- und Landesplanung e.V.

VFA Vereinigung Freischaffender Architekten Deutschlands e.V.

Ausschuss der Verbände und Kammern
der Ingenieure und Architekten
für die Honorarordnung e.V.

Veröffentlichungen in der Schriftenreihe des AHO

Alle Hefte der AHO-Schriftenreihe verstehen sich als unverbindliche Honorierungsempfehlungen und Praxishilfen.

Die bisher erschienenen Hefte können – sofern nichts anderes angegeben ist – beim AHO direkt bezogen werden. Ihre Bestellung können Sie online unter www.aho.de/schriftenreihe oder per E-Mail unter schriftenreihe@aho.de aufgeben.

Alle Hefte werden kartoniert im Format 16,5 x 24,4 cm veröffentlicht. Alle angegebenen Preise sind Bruttopreise inkl. gesetzl. MwSt. zzgl. Versandkosten.

Nr. 1 **HOAI – Planen und Bauen im Bestand
Arbeitshilfen zur Bestimmung der anrechenbaren Kosten aus mitzuverarbeitender Bausubstanz und des Zuschlags für Umbauten und Modernisierungen**
ISBN 978-3-8462-0990-5, 2., vollständig überarbeitete und erweiterte Auflage 2018, 200 Seiten, 32,80 €

Nr. 2 **Örtliche Bauüberwachung bei Ingenieurbauwerken und Verkehrsanlagen – Leistungsbild und Honorierung**
ISBN 978-3-8462-0431-3, 2014, 36 Seiten, 14,80 €

Nr. 3 **HOAI – Besondere Leistungen bei der Tragwerksplanung**
ISBN 978-3-8462-0767-3, 5. vollständig überarbeitete Auflage 2017, 72 Seiten, 16,80 €

Nr. 4 **HOAI – Besondere Leistungen bei der Planung von Objekten der Wasser- und Abfallwirtschaft nach Teil 3 Abschnitt 3, § 41 HOAI 2013**
ISBN 978-3-8462-0824-3, 3. vollständig überarbeitete Auflage 2017, 52 Seiten, 16,80 €

Nr. 5 **HOAI – Verkehrsplanerische Leistungen – Leistungsbeschreibung mit Honorarvorschlag**
ISBN 978-3-8462-0768-0, 2. vollständig überarbeitete Auflage 2018, 80 Seiten, 24,80 €

Nr. 6 **HOAI – Besondere Leistungen bei der Planung von Anlagen der Technischen Ausrüstung nach Teil 4 Abschnitt 2, Anlage 15, Nr. 15.1 HOAI 2013**
ISBN 978-3-8462-0317-0, 3. vollständig überarbeitete Auflage 2014, 64 Seiten, 14,80 €

Nr. 7 **HOAI – Besondere Leistungen bei der Planung von Ingenieurbauwerken nach Teil 3 Abschnitt 3, § 41 Nr. 6 (konstruktive Ingenieurbauwerke für Verkehrsanlagen) und Nr. 7 (sonstige Einzelbauwerke, ausgenommen Gebäude und Freileitungsmaste) HOAI 2013**
ISBN 978-3-8462-0436-8, 2. vollständig überarbeitete Auflage 2015, 52 Seiten, 14,80 €

Nr. 8 **Untersuchungen zum Leistungsbild und zur Honorierung für den Planungsbereich „Altlasten"**
ISBN 978-3-89817-914-0, 2. vollständig überarbeitete Auflage 2010, 76 Seiten, 21,80 €

Ausschuss der Verbände und Kammern
der Ingenieure und Architekten
für die Honorarordnung e.V.

Nr. 9 **Projektmanagement in der Bau- und Immobilienwirtschaft – Standards für Leistungen und Vergütung**
ISBN 978-3-8462-1120-5, 5., vollständig überarbeitete und erweiterte Auflage 2020, 246 Seiten, 41,80 €

Nr. 10 **GIS-Dienstleistungen, Teil A: Leistungsphasen nach GIS-Basissystemen**
ISBN 978-3-8462-0889-2, 2017, 32 Seiten, 16,80 €

Nr. 11 **Leistungen Building Information Modeling – Die BIM-Methode im Planungsprozess der HOAI**
ISBN 978-3-8462-1002-4, 2019, 80 Seiten, 24,80 €

Nr. 12 **HOAI – Arbeitshilfen zur Vereinbarung von Ingenieurverträgen für die Bearbeitung von Generalentwässerungsplänen (GEP)**
ISBN 978-3-8462-0437-5, 2. vollständig überarbeitete und erweiterte Auflage 2014, 64 Seiten, 14,80 €

Nr. 13 **HVA F-StB – Benutzerhinweise zur Verhandlung und Abfassung von Ingenieurverträgen (im Straßen- und Brückenbau)**
zzt. in Überarbeitung

Nr. 14 **HOAI – Tafelfortschreibung Erweiterte Honorartabellen (§§ 20.1, 21.1, 28.1, 29.1, 30.1, 31.1, 32.1, 35.1, 40.1, 44.1, 48.1, 52.1, 56.1, Anlage 1, Nr. 1.1 und 1.2)**
ISBN 978-3-8462-0710-9, 3. vollständig überarbeitete und erweiterte Auflage 2016, 60 Seiten, 21,80 €

Nr. 15 **Leistungen nach der Baustellenverordnung – Leistungsbild und Honorierung**
ISBN 978-3-89817-940-9, 2. vollständig überarbeitete und erweiterte Auflage 2011, 48 Seiten, 14,80 €

Nr. 16 **Untersuchungen zum Leistungsbild und zur Honorierung für das Facility Management Consulting**
ISBN 978-3-89817-841-9, 4. vollständig überarbeitete und erweiterte Auflage 2010, 128 Seiten, 28,80 €

Nr. 17 **Leistungen für Brandschutz – Leistungsbild und Honorierung**
ISBN 978-3-8462-0540-2, 3. vollständig überarbeitete Auflage 2015, 64 Seiten, 14,80 €

Nr. 18 **Planungsbereich „Baufeldfreimachung / Rückbau" – Leistungsbild und Honorierung**
ISBN 978-3-8462-0234-0, 2. vollständig überarbeitete Auflage 2014, 64 Seiten, 14,80 €

Nr. 19 **Ergänzende Leistungsbilder im Projektmanagement für die Bau- und Immobilienwirtschaft – Leistungsbild und Honorierung**
ISBN 978-3-8462-0049-0, 2. vollständig überarbeitete Auflage 2018, 328 Seiten, 41,80 €